国家社科基金项目结项成果（10CFX046）

山东省理论建设工程重点研究基地资助成果

｜光明社科文库｜

从私法范畴到政策维度

——当代物权变动制度的哲学反思

刘经靖◎著

光明日报出版社

图书在版编目（CIP）数据

从私法范畴到政策维度：当代物权变动制度的哲学
反思 / 刘经靖著 . -- 北京：光明日报出版社，2019.6
（光明社科文库）
ISBN 978－7－5194－5386－2

Ⅰ.①从… Ⅱ.①刘… Ⅲ.①物权法—研究—中国
Ⅳ.①D923.24

中国版本图书馆 CIP 数据核字（2019）第 114048 号

从私法范畴到政策维度——当代物权变动制度的哲学反思
CONG SIFA FANCHOU DAO ZHENGCE WEIDU——DANGDAI WUQUAN
BIANDONG ZHIDU DE ZHEXUE FANSI

著　者：刘经靖

责任编辑：曹美娜　黄　莺　　　　　　责任校对：赵鸣鸣
封面设计：中联学林　　　　　　　　　责任印制：曹　净

出版发行：光明日报出版社
地　　址：北京市西城区永安路 106 号，100050
电　　话：010-67017249（咨询），63131930（邮购）
传　　真：010－67078227，67078255
网　　址：http://book.gmw.cn
E - mail：caomeina@gmw.cn
法律顾问：北京德恒律师事务所龚柳方律师

印　　刷：三河市华东印刷有限公司
装　　订：三河市华东印刷有限公司
本书如有破损、缺页、装订错误，请与本社联系调换，电话：010－67019571

开　　本：170mm×240mm
字　　数：206 千字　　　　　　　　　印　　张：16
版　　次：2020 年 1 月第 1 版　　　　印　　次：2020 年 1 月第 1 次印刷
书　　号：ISBN 978－7－5194－5386－2
定　　价：85.00 元

民法典，能否放缓脚步？

　　我国当代民法诞生于改革开放的背景之下。计划经济向市场经济的转型，民主政治和依法治国的不断深化，为我国民事立法的发展提供了特有的制度生态背景。作为民法重要的有机组成部分，物权法以其固有性、地域性、本土性和强行性表现出其与众不同的特色。进入"物权法定"铁律笼罩下的物权法城堡，穿行在刻满德式符号的街巷，我们很容易迷失在"公示公信""物债二分""物权行为无因性"的规则丛林中，似乎忘记了民法最初的"意思自治"原旨，而习惯于刚性十足的制度架构。

　　在物权法定、棱角分明的制度结构中，物权变动制度构成了物权法最核心的架构，也刻画着物权法最为突出的性格特征。作为与计划经济理念颇为投缘的制度设计，形式主义物权变动制度依赖着经济体制的惯性支撑和德国古典物权法理的理论给养，在当代民法体系中保持着旺盛的生命力，即便在当代政治和经济体制改革的制度生态演变背景下，物权变动制度的演进也谈不上同步，而是缓慢地尾随着改革的步伐。至2007年《物权法》，物权变动制度配置首次出现了形式主义与对抗主义交错并行的分裂格局，但无论在制度比重还是基本理念导向上，形式主义都占据着主导地位，而对抗主义则以相对低沉和边缘的姿态徘徊在主流视野之外。

《物权法》颁行十年来，物权变动模式理论探讨和制度演化进入相对稳定的瓶颈期，对抗主义范围未及扩张，其宏观理念和微观规则技术亦未有显著进化。于此情势下，民法典物权编立法过程中，不动产统一采要件主义、动产统一采对抗主义成为一种较为均衡的共识，由此也导致了物权变动"二元"结构的进一步深化。实际上，即便在不动产内部，规则的统一也并非"铁板一块"——用益物权以及非基于法律行为的物权变动中存在大量要件主义之外的规则族体，这表明形式主义和对抗主义两种模式的分化具有更微观的渗透性。然而，这种"分裂交错式"立法带有显著的硬伤——同为物权，何以分享不同的物权变动模式？显然，既有理论和立法对这一根本性问题缺乏有责任的回应——尽管物权法第106条已经潜意识地将"善意规则"的适用统一覆盖了不动产和动产。

考虑到我国物权法长期厚植于德国形式主义的传统，以及对当下物权法理对于对抗主义原理、公示的多元性、物权效力的层次性、对抗主义与善意取得规则之间的内在关联等基本问题尚存有显著的分歧，以及在更深的层面当代物权变动制度对"形式主义化"内在根本成因——政策视野下的"国家干预"反思的缺位，可以预见，我国物权变动制度的完善还有一段很长的路需要走。理论变革的迟缓投放到如火如荼的民法典编纂背景中就呈现出难以避免的紧张——民法典编纂已正式列入国家立法议程，但物权变动理论研究却并未做好准备。

而细思整个民法，没有做好准备的，或许非仅止于此。我国当代民法的繁荣的背后，无论在民法哲学层面还是微观制度建构层面，都存在诸多类似的问题——对德国法传统的反省不足以及对英美法经验汲纳的有限，诚如徐显明先生所言，（对于民法典）我们还有很多问题未研究透，还有一些仓促，如果时间更长一些，可能会精雕细琢，在制度创新上更有中国贡献。

真诚地期待民法典编纂能沉下心来，以更宽容的姿态，更从容的脚步，迎接更美好的未来。

是为序。

目　录
CONTENTS

导　论

　　作为民法体系中的支柱性组成部分，物权变动制度以其复杂的制度设计、宏大的历史叙事和激烈学术争辩而形成了民法世界的奇特景观。1978 年恢复民法以来，随着民事立法的逐步推进，物权变动问题作为立法无法绕过的话题，在中国当下的民法理论界引发了空前热烈的学术大讨论，40 年来，其热度始终不减，这一主题始终延续保持着旺盛的学术产出，占据着民法的话题热点。40 年来围绕物权变动的学术研究，重建并续接了民法基本理论恢复、立法需求背景下物权变动理论与罗马法、民国民法、德国民法、日本民法、我国台湾地区民法以及瑞士等欧洲其他国家物权变动理论之间的学脉关联，并与法国民法、意大利民法乃至部分普通法进行了一定的比较性研究。

　　总而言之，这些研究不仅构建了我国当代物权变动制度深厚的理论基础，也成为中国民法史上有关物权变动理论研究难以逾越的桥梁。任何一个后来者，面对这样一个已经十分"传统"且文献浩瀚的选题，必须具备充分的勇气。甚至当物权变动抽象的理论内涵、精密的制度结构、丰富的学术史话所带来的学术兴奋持续多年并多少显示出一些学术上的"疲倦"时，有学者不禁发出"该说的都已经说了，不该说的也已经说了"的感叹。但深刻反思当代物权变动理论研究却仍然难以宽释诸多根本性的疑问：

其一，研究重心的不均衡性。受法系传统影响，当下研究仍主要局限在"形式主义"范畴，其核心表现为纠缠于物权形式主义和债权形式主义之争——其核心为是否承认物权行为，而在真正对立的形式主义和对抗主义模式之间却尚未形成充分交流，在有关物权变动理论的研究文献中，直接涉及对抗主义模式基本原理主题的文献仅 10 篇（0.0025%），如果考虑到物权形式主义和债权形式主义两种模式除了在物权行为这一"抽象解释论层面"所具有的差异之外，本质上仍以"共性"为主，都属于典型的形式主义阵营，那么，这一研究进路所显示的突出的重心失衡至少从侧面表明，我国当下的物权变动理论研究可能更多地局限于（甚至可能是重述了）大陆法系已有的形式主义立场，而主流探讨中形式主义的强势和对抗主义的未及展开意味着，我们甚至还没有机会对强大的形式主义模式进行哪怕是初步的"反思"性评价，在这一意义上，断言形式主义模式作为一种"成熟"的模式必定代表了我国未来立法发展的方向无疑言之尚早。

其二，面向普通法的研究相对薄弱。与前述研究比例失衡相关，在面向域外的比较性研究中，也仍以德日为主，真正面向以对抗主义模式为主流的法国法尤其是英美法的研究虽有面世（马新彦 2004；徐炳 2006；陈永强 2008；秦伟 2008 等），但较之德日流派的宏大历史叙事，仍显得过于单薄且既难以胜任对对抗主义模式本身的理论补充，更勿言及对形式主义理论的对话或纠正。

其三，对不同物权变动模式之间的对立性差异及其根源认识不足。基于形式主义和对抗主义两种对立模式立场的巨大反向差异，以及由此决定的二者在价值导向和效率安排上的迥异不同，可以逻辑地推断出其中必有一种模式与市场价值导向具有较高的吻合性，而另一种模式则必定与之相反，对物权的市场流通秩序存在较大的负面影响和制度成本。

同时，这种既具有较高负面成本、却又能长久盛行的模式，其核心支撑依据必然不是纯粹经济维度的，而必定是经济以外的其他重要因素为支撑的。那么，这种能逆私法制度赖以支撑的经济因素而长期持续发生更大的制度牵引作用的因素究竟是什么？显然，对于这一根本性问题，现有研究没有做出应有的贡献。具体到中国问题上，同样基于交易安全保护之核心价值，我国《物权法》却同时采纳了对抗主义和形式主义两种模式，这种交错立法格局不仅导致了价值依托层面的逻辑断裂，也折射出当下物权变动制度建构中突出的"政策性"导向——即视政策之需要而配置相应的物权变动模式，而不是根据经济秩序内在的价值规律导向进行物权变动模式配置。

其四，缺乏系统深刻的哲学方法运用。当下研究对物权变动制度中的"国家干预"虽有涉及（郭明瑞 2005；陈历幸 2003），但还缺乏明确的"问题意识"，以形式主义为基调的研究进路还存在着显著的"政策迎合"性倾向，缺乏将物权变动置于"从管制到自治"的政治哲学维度下的考量，尚未建立起"物权变动制度演进"与"政府管理模式变迁"之间的关联性研究体系。对形式主义模式与国家干预之间的关系、造成的影响及其在当代的变化规律和发展趋势等皆缺乏清晰的回应。在这一背景下，物权变动模式理论研究的过度重述化、重复化和技术化导致其既不能向民法学研究输出哲学和方法论层面的贡献，也无法从当代相对薄弱的民法哲学研究中汲取营养，从而导致研究的僵化与匮乏，也制约了当代民法哲学研究的深化。

在民法典编纂的背景下，如何将物权变动这一传统理论话题的研究推向深入，以期不仅能妥善解决物权变动制度自身之问题，更能在这一基础性制度研究与民法哲学之间形成呼应，为我国私法理论之发展做出应有的贡献成为我国民法典背景下绕不过去的话题。本研究成果拟以货币规则为参照系，建立"交易安全"与"流通频率"之间的定量分析模型，替代模糊意义上的"法经济学分析"范式，为物权变动模式的纠偏提供了具有客观参照意义的制度坐标，其次提出物权观念"从绝对到相对"及物权变动模式"从形式主义到对抗主义"的基本演进规律。以此为基础，剖析我国当代物权变动制度"形式主义化"的内在根本成因——政策视野下的"国家干预"以及物权变动政策的变迁路径和改革方向：从"政策管制""政策干预"到"政策引导"。

第一章 我国物权变动理论的研究状况及其评价

最晚从 20 世纪 80 年代末起，自"物权行为无因性理论"之争开启我国物权变动模式理论的论战序幕以来，有关物权变动模式及其在中国立法选择问题的争论已经持续了 30 年。尽管无论从当下理论界现存的比较具有代表性的观点来看，还是从新近生效的《中华人民共和国物权法》所持的多元模式交错并存的立法立场来看，有关物权变动模式的争论丝毫没有终结的迹象。但从这一问题所持续的时间以及已有的理论成果积累来看，可以说，现有观点的表达已经比较充分了。在《物权法》已经出台，并就此一问题的争论给出了阶段性的明确的立法姿态，进而通过一段时间的实验整合《民法典》的时代背景下，梳理和评价我国已有的物权变动理论研究成果，结合国际物权变动规则的未来发展趋势，对物权变动模式理论之争进行系统的反思，寻求物权变动理论的科学定位就成为当下物权法理论研究中的一项重要工作。

一、我国物权变动模式理论的研究概况

（一）我国物权变动模式理论研究的体制性起点

民法作为商品经济的法律体现，与作为其经济基础的社会经济之间存在密切的联系。中华人民共和国成立后的经济体制上的变革对民事立法的演变产生了直接和深刻的影响，而物权变动模式作为民法上的重要内容，必然受制于这一基本规律。从我国的具体情况来看，从20世纪70年代末开始，我国进入了经济体制改革时期，由于基本经济体制的改革不能一蹴而就，因此，这一基本经济制度的改革表现出了持续性和渐进性。众所周知，经济体制作为经济基础的重要组成部分，在很大程度上决定和制约着社会的政治文化的特性和发展。经济体制与作为上层建筑重要组成部分的法律之间必然存在密切的关联性，而我国经济体制改革的长期性则决定了，在相当长的一个历史时期内，我国的法律必然也将处于一个剧烈变动的背景下。更为重要的是，由于经济体制作为一种社会的根本制度所导致的政治文化模式的滞后性影响在相当长时期内仍然对民事立法和理论的推进产生较大的负面影响。因此，作为中华人民共和国成立以来物权变动模式研究的起点，对经济体制的变迁脉络进行大致的回顾，并在此基础上把握经济体制变革下的民法物权变动模式的未来方向是必要的。在高度计划经济体制下，由于社会经济生活领域已经不存在自由意义上的商品交易，因此，除了个人人身关系领域，作为商品经济领域的"民法"基本失去了存在的基础，而民法意义上的物权变动规则也就根本无从谈起。到20世纪末，市场经济体制已经初步形成，在法律领域，市场经济的重新产生迅速催生了对民法的强烈需求，中华人民共和国的民事立法进入了一个活跃时期。有关物权变动的学说理论和立法就在这一背景下拉开了序幕。

（二）物权变动模式研究若干历史阶段及其主要成果和特征

市场经济政策的逐步确立为中华人民共和国民法的诞生提供了经济基础上的支撑。而民法作为一个内容纷繁、构成复杂的规则族体，其通过不可能一蹴而就，由此导致了立法视野中的"批发改零售"——民法部门规则的零散制定与民法理论研究同步进行的状况。这一背景下的民法学研究诚然以服务于民事立法为其使命，但立法的分散性与理论研究的间接性决定了我们既需要在立法与理论交叉的时代背景下考察物权变动模式理论的变迁，又不得不将这一过程分成立法考察和理论考察两个层面。

自改革开放以来，我国物权变动模式立法经历了从三方结构模式下的登记合同生效主义模式——债权形式主义模式——对抗主义模式的变迁。① 由此可见，尽管从逻辑上看，市场经济改革所催生的以"经济自由性"为核心特征的市场规则要求私人间的物权变动迅速摆脱原有体制下的国家干预，以求在物权交易领域充分实践民法的"意思自治"理念，然而长期以来的计划经济体制导致的以高度的国家干预为基本特征的社会政治文化模式难以在短时间根除，这决定了我国物权变动模式的确立必然表现为一个渐进式的历程。在三方结构物权变动中，国家意志以实在的意思构成介入到私人物权交易领域之中，决定了交易合同是否能够形成，正是在这一意义下，作为国家意志介入的形式载体的登记就成了物权变动合同的成立要件；而随着私人意志的抬升以及国家意志

---

① 类似表述参见郭明瑞. 物权登记应采对抗主义的几点理由［J］. 法学杂志, 2005 (4)：14.

的消退，登记作为一种外在的形式已经失去了介入意志的实质性功能，当事人之间意思合致即可成立有效的合同也就得到了立法的承认，此际，登记也就仅仅成了一个表象国家意志的空壳。但在制度变迁的滞后性特性以及不动产管理部门的部门利益追求等因素的影响下，形式意义上的登记仍然没有退出"强制化"的舞台，债权形式主义模式由此而生。实际上，尽管登记本身所具有的制度优越性常常使其沦为公法治理的有力工具，但在私法意义上，交付或登记本身仅仅是一种公示方式——确切地说是一种最有力的公示方式。而在单纯的"公示"意义上，"公而示之"并不能构成将登记作为法定的、唯一的公示方式的充分原因。把登记仅仅作为任由当事人选择并由其承担不选择登记的风险成本的"对抗主义物权变动模式"就在这样的理论背景下诞生了。显然，在中国式的物权变动理论演进背景下，对抗主义正式登上立法的舞台不仅仅表明当事人在众多的物权变动模式中多了一种选择，而且标志着传统的高度国家干预的政治文化模式彻底地退出了私法的舞台，从而给当事人的意思自治提供了广阔的空间。

（三）当下的物权变动模式理论和立法概况

从当下物权立法情况来看，物权法草案基本上采纳了债权形式主义和对抗主义并立的混合式立法格局。理论上则由早期的物权形式主义和债权形式主义的解释论层面的对立变成了物权形式主义、债权形式主义和意思主义之间的三方鼎立格局。目前，债权形式主义仍然表现为主流派观点，认为物权法完全不应采纳对抗主义或只应将对抗主义限制在局部范围的观点为更多数学者所支持。由于形式主义和对抗主义之间的模式分歧较之物权形式主义和债权形式主义之间的分歧更为突出，而二者之间的争论无疑将对未来物权法的物权变动立法模式的方向具有深远影响，因此，形式主义与对抗主义的争论就成为当下模式争论的主流。

二、我国物权变动模式理论研究中存在的问题

诚如有的学者所言，基于法律行为的物权变动模式问题进入我国民法学者的演究视野不过十数年时间，却已经赫然成为民法学上最重大的争论之一。① 其争论之激烈程度可谓蔚为壮观。经过数十年争论，当"该说的都已经说了，不该说的也已经说了"之后，蓦然回首却发现，物权变动仍然是"一个没有结论的学术公案，一个永不过时的学术话题"②。而放眼作为制度渊源的德国以及所有受到德国影响的国家，我们发现，同样的争论在毫不逊色的激烈程度上已经上演了近 200 年。因此，无论就我国的研究现状以及当下制定物权法的时代背景来说，还是就德国法系的整体理论研究状况来说，对已有的成果进行系统的整理和评论，了结这桩学术公案，已经成为当下物权法乃是民法理论中不可回避的问题。

尽管前述考察表明，近两年来，我国物权变动模式理论研究已经从纯粹形式主义模式下的两军对垒变成了形式主义与对抗主义以及意思主义的三足鼎立，但全面考察现有的研究成果不难发现，我国当下的物权变动理论研究仍然主要表现为"德国派"和"瑞士派"两大阵营，前者主张所谓的物权形式主义，后者主张债权形式主义。这表明我国物权变动模式理论的研究实际上仍然基本停留在 100 年前的水平上。

---

① 葛云松. 物权行为理论研究 [J]. 中外法学，2004（6）：702. 葛云松博士的说法还留了一点余地，仅将这一问题描述为最重大的争论之一，实际上，无论从物权变动理论在民法理论上所具有的体系性地位还是从我国已有的研究资料的集中程度来看，都可以毫不犹豫地断言，物权变动理论就是我国民法上最富争议的问题。

② 常鹏翱，李富成. 异域之花：物权行为理论概略 [N]. 人民法院报，2005 - 08 - 08.

　　在这一意义上，笔者认为，有关物权变动模式的研究远非某些学者所说的"已经盖棺定论""没有什么好研究的了"，相反，透过现有资料的表象繁荣，谨慎审视我国以至整个德国法系物权变动模式理论中存在的问题，才是目前物权变动理论研究所应秉持的科学态度。立基于这样的出发点，经过深入的考察分析，笔者认为，包括我国在内的德国法系物权变动理论研究之所以未能形成突破性进展，根本意义上归因于我们关于这一问题的研究尚未形成理性的研究方法和科学的研究体系，主要表现在：

（一）缺乏对物权变动模式的制度价值和制度绩效问题的科学认识

　　当下物权变动领域存在两种有关物权变动模式价值的观点值得注意，一种观点认为："物权变动模式的立法选择并不直接涉及当事人之间利益的安排，它只是奠定了相关情形下进行利益安排的逻辑前提和基础。"① 这一观点的缺陷在于没有认识到模式本身的价值属性，实际上，物权变动模式作为物权变动过程中当事人以及第三人之间物权债权利益的界分尺度，属于一种典型的利益衡量和分配机制。因此，物权变动模式本身蕴涵着强烈的价值取向，不同的物权变动模式在最根本的意义上就是不同的利益分配取向在物权变动规则上的表现。另一种观点认为："各种物权变动模式在各自的框架体系内都能够很好地实现自由、效益、安全及公平等价值平衡，它们之间的差异不是功能性差异，而是由于制度基点的不同所造成的路径差异，但是，通过各自的制度校正，最终都实现了价值的平衡。"② 这一观点的缺陷在于只看到了模式实现的最终成果而忽略了模式目的实现过程中的制度成本和制度绩效。

---

① 王轶. 物权变动论 [M]. 北京：中国人民大学出版社，2001：16.
② 李凤章. 不动产登记制度的价值分析和路径选择 [EB/OL]. 中国民商法律网，2014－12－09.

实际上，由于不同的模式在价值实现路径和成本上都存在着相当大的差异，因而在众多的物权变动模式中必然存在一种最科学的模式，这种最科学、制度绩效最优越的模式就应当是我们追求的目标。否认了这一点，物权变动模式也就基本失去了讨论价值。

（二）缺乏科学的研究方法

1. 缺乏科学的比较方法

本书在后面的分析将表明，对德国民法的偶然的继受并非是让我们摘取了一朵绚丽的"异域之花"，相反却使我们在物权变动问题上不幸地陷入了一个难以自拔的泥潭。[①] 如果说我国清末以来的民法移植所奠定的德国法系的基因使我们已经难以避免在物权变动模式领域的"拿来式"继受，那么，在这一前提下，全面科学的比较法考察似乎就成了我们摆脱上述困境行之有效并唯一可行的方法。

然而遗憾的是，在一个几乎言必称德国的时代，我国当下的物权变动理论研究所进行的比较法考察似乎主要表现为对德国物权行为理论的"正统"历史渊源的考古式分析，而透过这种单纯的德国热不难发现，在比较法研究意义上，我国的物权变动理论研究尚存在诸多深层次的问题。

以上关于比较法的初步分析表明，我国物权变动理论的研究基本没有跳出大陆法系的圈子。也没有认清世界范围内物权变动模式的主流和支流，更没有从功能主义出发，比较制度实现的社会成本和理论成本，并从制度绩效出发进行制度的根本性反思。

[①] 诚如米健先生曾指出的"物权行为无因性是萨维尼的功劳，萨维尼有很多功劳，但这个功劳我不敢恭维。"《私权的勃兴第四专题：物权行为之辨析》，北大法律信息网。

2. 缺乏科学的逻辑分析方法

尽管无论从德意志民族的文化传统还是从德国民法所诞生的时代背景上看，科学理性主义影响下的德意志民法所表现出来的高度的体系化特征和强烈的逻辑色彩，都使我们没有理由怀疑德国民法所具有的逻辑性，然而在物权变动模式的制度设计上，由于形式主义的物权变动模式背离了现代社会的基本物权原理，从而不可避免地导致了逻辑上的强烈冲突。

3. 缺乏科学的历史分析方法

形式主义物权变动模式建立在传统的物债区分的理论基础之上，而传统的物债区分则建立在物权绝对、债权相对的认识上，因此，对物权变动模式争论的理论脉络追根溯源不难发现，分歧实际上就是对物权的不同理解。那么，当我们在物权变动模式理论上分歧备至，争论无休无止的时候，退归到物权本身，到底什么是物权？物权是真的是绝对的吗？物权是一个纯粹静态的概念吗？如果以罗马法作为物权制度考察的起始点，那么物权的观念、内涵、效力在2500多年的历史中是一成不变的吗？如果它存在一个变迁的过程，那么这一变迁的基本规律是什么？这一规律在两大法系的表现有什么？显然，对于这一系列问题，我们并没有清醒的认识。而后文的分析将表明，在物权法史上，物权观念经历了一场由"古典绝对物权"到"现代相对物权"的结构性变迁，而理性意义上的物权行为也相应地经历了由古典的交付到现代的一般合同形态的历史性变革。这一变迁的背后是占有在不可替代意义上的表征物上支配意志功能的丧失以及交付在不可替代的意义上保障物权变动意志真实性和成熟性功能的丧失。德国物权形式主义则是假定物权观念仍然绝对以及占有和交付的早期不可替代功能的继续存在为前提的，而传统物权行为及其无因性理论不过是这一假设的动态表达。①

4. 缺乏科学的概念分析方法

应当承认，无论从德国民法诞生的时代背景还是从德国民法的体系建构与学说特征上看，我们都不能否认，作为深受概念法学影响、实际上准确地说是概念法学代表的德国民法从某种意义上说其在概念的追求上已经到了过犹不及的程度，尽管如此，形式主义模式下物权变动领域的重要概念仍然缺乏应有的精确性，这种概念构成上的非精确化不仅阻碍了我国在模式研究领域的理论深化，同时也限制了模式研究的视野。

5. 缺乏科学精确的效率和成本分析的客观标准和经济学方法

如前所述，物权变动模式是一个蕴含着强烈的价值安排的制度设计，因而不同的物权变动模式在价值实现上必然存在客观的差异，在一个检验标准范围等因素都可以客观设定的前提下，上述差异经由经济分析的方法完全可以得出一个客观确定的结论，然而遗憾的是，在物权变动模式持续争论的100多年间，这样一个基本的问题尚没有定论，甚至完全沦为了一个各说各有理的糊涂账。两种形式主义都声称自己最有利于维护交易安全，而形式主义模式下的我们却不得不面临一个鼓励一物二卖、承认无序竞争的 Race 规则模式。

6. 缺乏成熟规范的引证研究态度和基本方法

这里所指的引证是指在知识创造的过程中，后来的研究者应对既有的研究进行前期的基础性了解，通过对既有研究成果的梳理和掌握，在此基础上提出自己的创造。引证的意义在于，现代知识的生产呈现出明显的"线性"结构——即任何知识生产都是以在先的知识为基础的，

---

① 同时参见刘经靖．从古典绝对物权到现代相对物权——物权观念变迁的历史考察与比较分析 [J]．烟台大学学报，2006（2）：100.

同时也构成后来者继续研究的基础。同时，从知识生产本身来说，无论赞成还是反对既有的研究，都应以对既有研究的了解为基础。现代科学的发展决定了完全不依托任何知识、横空出世的研究几乎不大可能，社会科学尤为如此。因此，在历史、社会、哲学乃至经济学中，引证已经成为一种十分规范的研究方法。这一方法的科学运用使得知识生产能够形成一个有效的过程，同时也大大节省了后来者的成本。

然而不幸的是，在法学领域，引证还远远没有成为一种科学、自觉和理性的方式。这突出地表现在引证的任意性、功利性、装饰性等方面。法学（包括民法学在内）论文在引证方面存在突出的任意性，即该引的不引，并且不会被视为学术不规范，这一点对法学知识生产的连续性规律构成了严重的破坏。这在有关物权变动问题的研究上体系十分典型。物权变动问题本身比较复杂，这就更加突出了物权变动问题研究过程中对科学引证的需求。然而查阅我国当代物权变动理论研究可以发现，由于论者都更加关注自己的见解，而对他人的见解虽予以一定程度的重视和学术引用，但十分任意。因此，理论上已经反复讨论并被证伪的问题，仍然可能隔时再现，并堂而皇之。而综观30年来有关物权变动问题的研究竟然发现，没有一篇专题性的"综述"。由此导致了这一研究领域的严重"碎片化"。而长期的碎片化又导致了后来的研究者越来越难以对先前的论断进行有效的梳理，导致后来的研究必然继续这种"碎片化"，从而极大地削弱了这一问题研究的进展。

（三）视野过于狭窄，忽视了对现实的应有关注

毋庸置疑，物权变动不仅是民法上的重大理论问题，也是重大实践问题，对此问题进行深入研究本无可厚非，然而在德国式思维模式下，我国关于物权变动理论的研究却陷入了一种高度理论化的抽象研究模

式。在这种研究氛围中，对概念和文本的关注远远超过了对制度价值和制度绩效的现实热情，于是，论者似乎已经忘记了物权变动模式理论的终极目的而陶醉在对"异域之花"的理论梦幻中。① 抱着对物权行为理论的高度热情，学界几乎言必称物权行为理论，而论物权行为理论则言必称德国。尽管学界对德文文本的铺天盖地地考察已经告诉了我们太多关于德国物权行为的知识，然而不幸的是，对于这一问题，我们仍然无法明朗，不仅现在无法明朗，而且将来能否明朗都是一个未知的问题。在这一意义上，实际上物权行为理论在德国究竟是怎么形成的并不重要，重要的是，这一理论能否满足中国的社会实践需要。

由此可见，作为当下理论研究态度的一个注释，我国物权变动理论的研究范式从一个侧面反映了中国有关这一问题的研究——甚至在一定程度上可以扩展到中国的民法学研究——在多大程度上偏离社会实践的现实需求。

作为制度运行原理的基本解释，物权行为理论也只是物权变动理论中的问题之一，然而在传统的形式主义语境中，无因性意义上的物权行为似乎成了物权变动的代名词，"物权行为无因性或抽象原则被渲染得如此热闹，以至于言物权必称抽象原则。"② 在此研究范式下，经过近20 年讨论，我们发现，物权行为理论仍然是一个难以了结的公案。

实际上，这样的结局并非只存在于中国，在所有无因理论波及的国家，情形都基本相似。即使我们忽略那些对国外文本的粗略的发现、引进和介绍所引发的"亢奋、深深地迷惑以及在有关物权行为的论争中

---

① 常鹏翱，李富成．异域之花：物权行为理论概略［N］．人民法院报，2005 – 08 – 08.
② 米健．物权抽象原则的法理探源与现实斟酌［J］．比较法研究，2001（2）：44.

所难以抑制的过分激情或者冲动"①，对国外 100 多年的争论历程稍加思考就不难断定，我们有关这一理论的短短 20 年的争论无论如何都不可能在哪怕是最微弱的程度上具有超过国外同行已有研究的优势。相反，对物权行为无因性理论的过分关注，过度占用了学术资源，掩饰了物权变动中的其他深层次问题，使得我们的研究严重缺乏原创性。

---

① 尹田. 物权行为理论评析［M］//民商法论丛：第 24 卷. 香港：香港金桥文化出版有限公司，2002：166.

第二章 物权变动结构与逻辑的应然分析

一、物权的含义

学者对物权的理解不过是在"支配""享受利益"以及"排他性"三个要素上做文章。毫无疑问,"支配性"揭示了物权的基本特征,或者说首要特性,但如果考虑到物权概念作为体系宏大的物权法理论大厦的支撑地位,那么,如此简洁的界定显然不足以揭示物权的全部含义,或者说不可能完整地揭示出物权的深刻特性,有鉴于此,笔者认为,应当对物权之特定性进行更深层次的思考。物权的特定性至少应当在如下三个方面进行拓展:

(一)物上支配权的"抽象性"

按照大陆法系物权法理论对物权的一般理解,物权通常来说是指某人就其实际占有的物所享有的权利。应当承认,就物权的实际表现来看,实际性占有下的支配权的确可以说是物权的最常见的、最普通的表现形态。但这并不意味着实际占有是物权存在的必备条件,实际上,从逻辑上看,物之实际占有者未必就是物权的享有者,相反,物权的享有者也未必就一定具有实际占有的表征，尤其就现代物权而言。例如，甲将其所有的书借给乙，或遗失后被乙拾得，或被乙偷盗、抢劫等，在上述诸种情况下，甲都并不丧失物权，而乙也并不因其实际占有而享有物权；即便同样在实际占有的情况下，占有人所享有的物权也未必一样，既可能是所有权，也可能是用益物权、担保物权，或者没有任何权利，只是一个事实上的占有。由此可见，物上支配权与占有物权的事实之间不存在绝对意义上的必然性和关联性，尤其是对那些旨在恢复对标的物的实际支配的物上请求权而言，由于此时作为权利对象的物之实体并非由权利人实际控制，因此，后者的存在尽管常常促进或支持物权的存在，但并非是判断物权的唯一标准，在这一意义上，我们说，作为支配权的物权，其"支配性"与具体的占有事实之间，也就并不存在必然的关联。物权不必然表现为占有支持下的具体支配表明，在总体的意义上，作为物权的支配性权利是抽象的，这就是物上支配权的"抽象性"。

（二）物上支配权的"特定性"

按照前述对物权的理解，物权的首要特征在于其支配性，但如果考虑到人类对任何财产——包括诸多无形财产的追求，实际上都包含着"支配"式的意图，那么，所谓"支配性"对物权本质的揭示恐怕并不完备。传统物权法理论主要局限在物权客体的角度来阐述物权的特定性含义，而没有上升到物权的整体意义上思考特定性对揭示物权本质的意义。物权的支配性由于建立在客体特定的基础上，其支配性借助特定客体的载体表达而更加具体。物权的价值也由此与特定的物相系。在这一意义上，物权的一个重要的特征就可以归结为特定性基础上的支配性。物权支配性的这种特定性表明，在非特定之物上，不成立物权性的请求权，或者说，由于种类物没有特定的必要，因而没有成为物权的价值。

物权的特定性更深刻地表现在：

1. 从"特定性"到"不可替代性"——物权本质更为深刻的表达

物权的客体是特定的，这一特定性意味着借助载体的特殊性表达了主体的某种特殊偏好，或者说，物权主体的支配意志特殊化了。物权的特定化支配不只是奠定了物权与其他权利、此物权与彼物权之间的界分依据，并且，这一特定性决定了物权在某种程度上是"不可替代"的。所谓不可替代性是指，由于主体的支配性意志指向了有体物，而有体物的一个显著特征就是其往往具有某种特殊属性，这种源于客体的特殊性使得物权的价值不再停留于一个单纯数量意义上的价值追求层面，而是具有某种不可取代的意义。在经济学意义上，当物的使用价值有不可替代性、不可选择性时，该物就具有了垄断弹性价值。而在法律意义上，物的不可替代性则在更深的层面上揭示了物权的本质属性。同时也正是物权的这种不可替代性，在最终意义上决定了某些买卖合同中实际履行的重要性和实际价值。

2. 物权不可替代性的相对性与绝对性

物权的本质是一种对不可替代的特定利益的排他性支配，尽管这揭示了物权的本质属性，但对这种不可替代性，仍然应当辩证地理解。首先，物权的不可替代性具有相对性。一方面，在商品经济社会，现实生活中的大多数商品都是有价值可以衡量的，而价值衡量本身就是撇去那些任性因素，只以商品所隐含的具有同质性的、无差别的劳动作为评判的依据。这决定了现实生活中的绝大多数商品是具有相当的可替代性的。另一方面，即使对那些不属于或不完全属于一般商品的物而言，例如一件纯粹的纪念品或者一个蕴含某种特定纪念价值的商品，如果其遭到不可恢复性的侵犯，法律仍然必须衡量一个价值进行补偿，尽管在这里，补偿既非万能，也非旨在说明一种交易关系，但价值补偿的基本原理仍然多少包含了一种物之价值的可衡量性。其次，物权的不可替代性又具有绝对性。这种绝对性更多地着眼于物的使用价值，而不是交换价值。正是物的使用价值，将一个物与其他的物区分开了。物权的不可替代性要求我们必须从物权的这一特性出发，去理解一个物权对于权利主体的意义和价值。否则，如果仅从交换价值的意义出发，那么，任何物权都变成了一个价值载体——物不再是物，而成了"一定数量货币的化身"，这显然违背了人与物之间的基本关系。

3. 物权不可替代性的程度化理论及其对物权变动模式的影响

物权以不可替代性为其根本属性，这种根本属性要求我们更多地从绝对性的意义上去理解物权的不可替代性，但客观而言，物权的客体种类繁多，而不同类型物的不可替代性是有一定差异的。这些差异使得物权的不可替代性呈现出一个阶梯式层次。详言之，有些物表现出较强的不可替代的物权属性，而有些物的不可替代的物权属性则要弱些。这种级差区别可以大致按照传统的动产和不动产来划分。

二、物权变动模式的理论框架

物权变动模式并非一个抽象的存在，相反，它是一个庞大的制度族体，这具体表现为：

（一）物权变动模式是物权含义的动态展开

如前所述，在关于物权变动模式基本含义的分析中，笔者已经论证了物权变动模式本质上是物权观念的动态化表达。在这一意义上，动态物权意义上的物权变动模式和静态意义上的物权共同构成了物权的完整理解。物权变动模式是物权观念的动态化表达，这同时意味着关于物权变动模式的理解必定受制于对物权含义最基本的理解。

（二）物权变动模式的结构界定奠定了物权债权的权利分野界限

由于动态物权意义上的物权变动模式实际上是物权含义的进一步展开，因此，对物权变动模式不同的结构阐释和含义界定也就在最根本意义上奠定了物权和债权之间的基本划分。例如，在形式主义模式下，物权是绝对的，相对性的权利也就是债权，显然，在这里，物权和债权的划分取决于权利排斥力的范围。而在对抗主义模式下，物权的效力可以是相对的，在这里，物权和债权的划分并非取决于权利排他效力的范围，而是取决于其是否存在一个具体的特定的支配客体。由此可见，物权变动模式由于对应着某种对物权的理解，而这种理解自然也边缘地涉及或者说间接地涉及对债权的理解，因此，在不同的物权变动模式下，必然对应着不同的物权债权体系。

（三）物权变动模式的客观表达——"公示公信"原则

在德国法系的物权法中，公示公信作为物权法的一项基本原则，构成了物权法的一个理论支柱。尽管在有关物权变动理论的讨论中，公示公信原则是一个无法逾越同时也是一个经常被涉及的话题，但很少有学者对二者相互之间的关系进行根本的阐述。

纵观学界关于公示原则的解释，不外以下几种观点，物权法上的"公示"指的是"将物权设立、移转的事实通过一定的公示方法向社会公开，从而使第三人知道物权变动的情况"；[①]"物权变动的公示，指物的享有与变动的可取信于社会公众的外部表现形式"；[②]"公示原则系指物权变动之际，必须以一定之公示方法，表现其变动，始能发生一定法

---

① 王利明. 物权法研究［M］. 北京：中国人民大学出版社，2002：86.

② 梁慧星. 中国物权法研究：上册［M］. 北京：法律出版社，1998：193.

律效果之原则";① "公示原则，是指物权变动须以法定方式进行才能生效的原则。"②

所谓"公信"指的是"一旦当事人变更物权时依据法律进行了公示，即使依公示方法表现出来的物权实际并不存在瑕疵，但对于信赖该物权并已从事了相关交易的人，法律仍然承认其具有与该物权为真实时相同的法律效果，以保护产权流通的交易安全。"③

笔者认为，传统的关于公示公信原则的表述实际上无非是从正反两个方面对物权的排他效力附加了一个公示性条件，即：凡在公示的范围内，物权就具有排他的效力；凡超出公示范围，则没有排他效力。由此可见，所谓的公示公信原则实际上不过是对物权存在规则的概括和总结。而将物权进行形式意义和意思意义上的构成要素的解构性分析不难发现，公示公信在本质上仍然是对物权存在的一个原则化的表达。在这一意义上我们可以发现所谓公示公信原则与物权变动模式之间在本质上是相同的，或者更进一步说二者实际上是同一事物，公示公信原则就是物权变动模式的一种原则化表达，只是这种表达是从外观角度——外在的客观意义上进行的。

由此可见，无论是作为物权变动模式的客观角度的描述，还是作为对物权的形式化揭示，公示公信都是一个重要的理解角度和标志性的分析模型。

（四）物权变动模式的主观表达——善意取得原则

与公示公信原则的客观化描述相对应，善意取得则是从主观视角出

---

① 谢在全. 民法物权论：上册 ［M］. 北京：中国政法大学出版社，1999：56.
② 张俊浩. 民法学原理：上册 ［M］. 北京：中国政法大学出版社，2000：405.
③ 参见谢在全等. 物权亲属编 ［M］. 台北：台北元照公司，2000：57；苏永钦. 民法物权争议问题研究 ［M］. 台北：台北五南图书出版公司，1999：5.

发，对变动中的物权规则进行合理化阐述。善意取得原则意味着："如果相对人对权利存在的真相的误解是不知道并且不应当知道的，那么他就是善意的，基于这种善意，他将按照他看到的那样取得预期应当取得的权利"。相反如果"他对权利真相的不知情负有过失，也就是说，他知道或应当知道权利真相，那么他就是恶意的。基于这种恶意，他不能按照自己的预期取得相应的权利。"① 上述主观角度的善意和恶意从正反两个方面对物权变动的规则进行了阐述，其中，善意取得对应的是公信原则，② 恶意不取得对应的是公示原则。

由此可见，主观角度的善意取得与客观角度的公示公信制度之间存在着内在的逻辑关联性。尽管在德国法系的物权法理论中，有关善意取得制度中"善意"的界定和判断主要是从主观角度入手。这表明，善意取得并非是物权法上的一个特殊的物权取得制度类型，而是对物权变动规则的普遍揭示。

（五）物权变动模式的结构性检验制度——无权处分

物权法上的狭义上无权处分实际上是这样一个结构：甲将其享有物权的标的物的最强公示表象（通常为占有或登记）自愿移转给了乙，乙并非该物的物权人，但乙却凭借其占有或登记该物的表象，声称自己是物权人，并将该物上的物权移转给了丙。在上述结构中涉及两个物权变动环节，一是甲和乙之间移转物权最高表现的环节，一是乙无权处分物权，向丙移转物权的环节。上述两个环节相结合，构成了一个物权变动中极为常见，同时又最为复杂的物权变动结构。由于这一结构充分贯

---

① 刘经靖. 评《中华人民共和国物权法草案》的物权变动二元模式［J］. 烟台大学学报，2005（3）：297.

② 这也正是学者在解释公信原则时常常涉及"善意"表述的原因。例如，王利明. 物权法论（修订版）［M］. 北京：中国政法大学出版社，2003：91.

彻了物权变动模式要旨，使得无权处分实际上成了检验物权变动规则最好的"试金石"。而不同的物权变动模式理念也必将解释出不同的逻辑结果。如上所述的公示公信和善意取得制度，实际上就是无权处分结构下的一种物权变动主张。

在我国物权法理论中，无权处分可谓是一个相当炙手可热的问题，论者甚众，尤其是《合同法》出台后，关于第51条的争论更是不绝于耳。但综观以上关于无权处分的论述不难发现，其缺陷都在于没有理清无权处分和物权变动模式理论之间的关系。实际上，如上所述，无权处分结构下的制度规则不过是物权变动理论的一个高度逻辑贯彻意义上的模式表达和延伸，在这一意义上，二者并非是完全孤立存在的问题。已有的关于无权处分讨论的局限性在于，没有将二者有机地联系起来——即割裂了二者之间的内在逻辑关联性，或者对作为无权处分结构前提的物权变动模式的认识存在误区。例如，关于我国合同法第51条的争论，之所以在结论上泾渭分明，其根本原因在于，论者坚持了不同的物权变动模式理论。在我国，无权处分问题更加复杂之处还在于，我国目前的所谓债权形式主义物权变动模式实际上并非一个严格的逻辑一贯的模式表达，相反，在物权变动的不同过程中运用和体现了在原理上完全不同的模式。在这一意义上可以说，我国当下物权变动模式的选择本身就隐含着强烈的矛盾和冲突，而合同法第51条不过是这种冲突的一个典型折射。

（六）物权变动的互依性制度——不当得利

物权变动以物权的移转为其规范对象，不当得利则是债法上的一项制度，二者本无直接关联，因此，所谓"不承认物权行为"① 之说固然

---

① 关涛. 物权行为再议 [J]. 法制与社会发展，1998（4）.

过于危言耸听，然而，在德国法系物权法上，由于物权变动模式的界定直接影响到了对物权的理解，并由此进一步影响到了物权和债权的划分，从而使物权变动模式理论的探讨和不当得利制度联系起来。详言之，在形式主义，尤其是物权形式主义模式下，由于物权变动结果必须依靠不当得利进行制度校正，而在"意思主义"模式下则不存在这一问题。因此，关于物权变动模式理论的探讨也间接地涉及对不当得利的理解。

三、物权变动模式理论的抽象透视

——逻辑和历史视野下的双重解读

毋庸置疑，大陆法系尤其德国法系的物权变动理论历经数百年的研究积累，其成果史料已可谓汗牛充栋，浩如烟海。考察此一问题以往的研究进路可以发现，学者们多先对物权变动模式进行基本的"类型化"考察，进而表明立场，最后针对对立方观点进行批判。笔者认为，尽管法律科学自身的特殊性决定了对任何问题的研究都难以绝对地越过相关历史的考察，但对于历史史料的过分纠缠或倚重——尤其在德国法系的高度抽象理论体系下——也常常使得相关的研究迷失在既有理论盘根错节的原始丛林中。

毫无疑问，物权变动作为民法上的一个既富于理论又具有高度实践价值的话题，必定根植于一定的社会历史时空场景之下，从而表现出相当程度上的地域性和固有性特征，尤其是登记（在某些国家还有公证）制度作为物权的公示方式被各国普遍接受以来，基于各国在文化传统、政治模式、行政体制、民族习惯等方面的差异，导致了登记和公证制度在各国的不同表现形态，而登记和公证制度的差别反过来又导致了物权变动模式的不同，从而使得各国的物权变动模式表现出相当程度的差异。

但同时不能否认的是，物权变动模式作为对物权交易规则的基本表达，既根植于具有共通属性的市场交易需求，又决定着市场交易的绩效。在这一意义上，不能不看到，传统的过分关注某种物权变动模式的特殊历史路径的研究进路一定程度上夸大了现实中这种物权变动模式选择的正当性评价，同时淡化了对模式共通属性的应有重视。

笔者认为，不同国家在物权变动模式上的特定选择或许由于"路径依赖"的原因而无法断然改变已经选择的模式道路，但这并不能否认如下努力的意义：即在共通性的意义上，寻找物权变动模式及其逻辑意义上的历史演进应有进路，从而得出一个客观的参照系，用以检视某种现实物权变动模式的制度偏离系数，继而寻求科学合理的改革方法。恰恰相反，这种前所未有的研究路径一定程度上可以使得当下过分充斥了"主观化"色彩的物权变动研究回归到更为客观的道路上，从而使不同的模式评价获得更为客观和准确的认识。

如上所述的物权变动模式在历史意义上的应然一致性，笔者称之为物权变动的共通性理论，这一原理使我们摆脱已有理论的"考古式"研究，从而使在纯粹意义上探索物权变动的理性规则和科学发展规律成为可能。因而，本文试图采用这样的研究进路，在特定历史时空环境下对理性意义上的物权变动模式规则体系进行抽象意义上的应然化逻辑历史分析，从而为实然模式的评价提供一个更为客观的坐标系和参照平台。

四、物权变动模式与物权之关联性的
逻辑考察与结构分析

（一）从物之利用到物权——物权的产生及其基本价值理念分析

世上万物彼此相连而构成一个完整的系统，在这一系统中，生命体的形式越高，其对外在世界的依赖程度也就越高，而人作为万物之灵，其之所以能生存繁衍，生生不息，更离不开对大千世界的物质利用和物质需求。

在原始的公有制状态下，人类作为一个整体是单数的，因此，其对物的利用，所要解决的全部问题就是人与物之间的意志较量。在这里，人之对物的支配无非表现为"人以其优越于物的自由意志支配于物。"① 换言之，"（把物）据为己有，归根到底无非是：表示我的意志对物的优越性，并显示出物不是自在自为地存在着的，不是自身目的……当物成为我所有的时候，我给它不同于它原有的灵魂，就是说，我把我的灵魂给它。"② 在主体多元而资源有限的情况下，纯粹私有观念支配下的"绝对自由"所隐含的重重危机决定了自由本身不可能解决物之利用中物上意志存在和运行的全部问题，面对新一轮的生存危机，以暴力手段消除物上意志对抗的野蛮做法必须禁止，换言之，维系人类和谐、生存和发展的价值取向要求必须在纯粹的意志自由之上建立一种更为有效的物之支配秩序。"一切资源均需由确定的主体拥有，或者，必须明了确

---

① 张翔. 论物权变动的理性基础及其实现 [J]. 法律科学，2002 (2)：31.
② 〔德〕黑格尔. 法哲学原理 [M]. 范扬，张企泰，译. 北京：商务印书馆，1961：53.

定的主体如何获得对资源的所有权，该原则孕育着效率和秩序……明确所有权的规则以及规范如何获得无主资源的规则可以减少此类问题发生争议。"① 如果我们把人与物之间的关系简化为非生产意义上的原始取得，那么，很显然，克服主体之间物上意志冲突的最为有效同时又最符合人类基本公平观念的方法就是"时间优先原则"，即通常所谓的"先来后到"原则。

> 谁在时间上占先，在法律上也占先……采取占有的行动开始于对一个在空间的有形物在物质上的据为己用，并能够和所有人的外在自由的法则一致，唯一的条件就是，这个行动在时间上是最早的。②

> 物属于时间上偶然最先占有它的那个人所有，这是毋待烦言的自明的规定，因为第二个人不能占有已经属于他人所有的东西。③

当然，规则的普遍性并不意味着其没有更为深刻的缘由，也不当然地意味着其合理性不需要进一步的论证，因此，对于"先来后到"规则的正当性，我们仍然需要给予进一步的解释。对此，我们同样可以看到经典的论述：

> 尽管先占就如"先来者，先享受服务一样，仿佛是公平的一个基本要素，但它实际上却具有一些功利主义的依据。"④ 为了减少纠纷和强取暴掠，并为利用资源提供动因，占有的稳定性是很关键的。所以，

---

① 〔美〕迈克尔.D.贝勒斯.法律的原则［M］.张文显，等译.北京：中国大百科全书出版社，1996：146.
② 〔德〕康德.法的形而上原理——权利的科学［M］.沈叔平，译.北京：商务出版社，1991：73，78.
③ 〔德〕黑格尔.法哲学原理［M］.范扬，张企泰，译.北京：商务印书馆，1961：53.
④ See, Epstein1985, 217。转引自［美］迈克尔.D.贝勒斯.法律的原则［M］.张文显，等译.北京：中国大百科全书出版社，1996：92.

谁先占有财产，谁就可以将其据为己有，除非他将财产自愿让渡。①

　　但是最先一个人就是合法的所有人，其理由并非因为他是最先一个人而已，而是因为他是自由意志（这里，意志的"自由"显然导源于物之原始状态的无主性——笔者注）。②

　　以上的叙述阐明了"时间优先"规则的正当性的基础。但这里，"时间优先"仍然仅仅是一种原则的精神化表述，由于意志是人的一种纯粹主观的意识活动，因此，意识本身具有高度的内在性和不可察知性。这一特征决定了纯粹的意志自由为了获得时间上的在先性必将陷入无休止、无头绪的争论中。因而要使时间优先性原则获得制度实施上的可操作性，适用这一规则的意志本身必须具备外在意义上的可察知性。换言之，内在物上意志要想获得认可和尊重，必须以一定的外在方式表现出来。这样，一个在先的物上意志为了避免其他意志的重复指向，就应当负有向后来意志进行警示的义务。因此，如果一个后来意志试图对在先的物上意志进行干预，在先意志必须明确声称："对不起，此物已有主人！"否则，在先意志自身认为的优越性就将因其公示上的过失而在意志的较量中被否认。对此，黑格尔论证：

　　人把他的意志体现于物内，这（只）是所有权的概念，下一步（则）是这一概念的实在化。表示某物是我的这种内部意志的行为，必须便于他人承认。我把某物变成我的，这时我就给该物加上了"我的"这一谓语，这一谓语必须对该物以外在的形式表现出来，而不单单停留于我的内部意志之中。孩子们惯于提出先于他人的希求，以对抗他人的

---

① 〔美〕迈克尔. D. 贝勒斯. 法律的原则［M］. 张文显，等译. 北京：中国大百科全书出版社，1996：92.
② 〔德〕黑格尔. 法哲学原理［M］. 范扬，张企泰，译. 北京：商务印书馆，1961：59.

占有；但是对大人来说，单单这种希求是不够的，还必须除去主观性的形式，而争取到客观性。

为了取得所有权即达到人格的定在，单是某物应属于我的这种内部表象或意志是不够的，此外还须取得对物的占有。通过取得占有，上述意志才获得定在，这一定在包含他人的承认在内。

我占有某物，它在无主状态中被我占因而成为我的所有物，但这种占有还必须经过承认和设定才能作为我的。因此在市民社会中就产生了有关所有权的各种手续，人们竖起界石作为标志，使他人便于承认；在抵押权登记簿上和产权册籍上也做了记载……

表明我的意志的占有方式，就是对物加上标志。标志的意义应该是：我已经把我的意志体现于该物内……当我把握某物或给某物以定形时，其最终意义同样就是一种标志，这种标志的目的对他人来说，在于排斥他人并说明我已把我的意志体现于物内。标志的概念就在于对物不是如其存在的那样来看，而是按其所应具有的意义来看……人能够给物以标志，因而取得该物，这样正表明了他对该物有支配权。

某物是我的这一规定，由于我给某物以定形，而获得了独立存在的外观，并且不再受到我在这一空间和这一时间的限制，也不受到我的知识和意志的体现的限制了。①

根据如上的分析，时间优先性原则就可以表述成：使在后意志可知的在先意志具有效力上的优先性，其逆向表述就是：在后意志不应当受到其无从察知的在先意志的限制。综上所述，物上意志要排斥任何异己主体的意志干预都必须满足能够让该主体知悉其存在这一基本条件，这就是物之支配秩序的基本规则。在上述规则下，原本纯粹内在的物上支

----

① 〔德〕黑格尔. 法哲学原理［M］. 范扬，张企泰，译. 北京：商务印书馆，1961：59，59，227，67，63.

配意志演变成了外在表象支持下的有条件的物上意志。在这里，表象实际不过是意志的外在表达，因此，意志与表象之间实际上就是内容与形式的关系。①

　　显然，当意志经过出于维护特定秩序的需要而确立的规则过滤而获得了排斥其他意志的制度效力时，"物权"这一崭新的要素在物之支配领域就得以诞生了。无疑，上述规则的确立意味着在主观性意志要素之外，意志的外在表现形式作为物权的构成要素的生成。换言之，物权的诞生意味着物上意志和该意志的表现形式同时进入了私法的视野。

（二）物权的构成要素分析

　　为了准确地把握物权的基本特征，有必要对物权的基本构成要素进行系统的分析。

　　1. 意志性要素

　　从物权构成的角度上看，当事人的主观意志要成为法律认可的物权性意志必须满足以下条件。第一，物上意志的合法性，合法性是指当事人不能违反法律的强制性规定以及社会的公共利益；第二，物上支配意志的真实性。真实性要件是意思理论的基本要件，是法律确认物权的前提，意思不真实在最终意义上将否认物上意志的存在。第三，物上意志的成熟性，一个指向物的意志只有是成熟的，将其上升为法律意义上的物权才是有意义的。第四，物上意志的特定性。物上意志的特定性乃是物权得以确立的另一个基本条件。只有物上意思是特定的，物权的客体才能确定，物权的排他性才能获得明确的指向，对物权的探讨也才有必要和可能。

---

　　①　上述分析表明，介入了形式要素之后的时间优先原则一定程度上与实然的时间优先规则并不完全一致，但这是和谐的物之支配秩序赖以建立所必需的最低意义上的制度成本，同时也是理性选择的自然结果。

2. 形式性要素

从形式与作为内容的意思之间的关系上看，客观意义上的形式实际上是主观意志的外在载体和借以表现的物质形式。形式性要素的基本目的功能在于满足意思保存的真实性和充分性。物权的形式必须具备以下条件：第一，形式的可查知性，即外观意义上的形式具有实质意义上的公示机能；第二，形式的证据功能，形式只有在终极的意义上能够被用来作为证据，才能正式成为法律意义上的权利表象；第三，形式的保障意思表示真实性的功能。

3. 物权的意志要素和形式要素的地位

物权的产生过程表明，意志是构成物权的第一性要素，是主观性要素，是实体性要素，是质的要素，是判断物权存在与否的根本出发点，是物权的灵魂。一项物权是否存在只能从主体的意志性角度加以判断，而不能从他人的角度加以判断。形式是物权的第二性要素，是客观性要素，是技术性要素，是量的要素。形式因为意志的存在才获得了引入权利构造的必要和可能。在通常意义上，形式仅依据其公示程度而决定物权在多大的范围内存在，尽管最低意义上形式同样具有否定物权存在的功能，但这一功能仍然是一种技术性判断的后果。

（三）物权变动的基本内涵

上述分析表明，从权利的构造上看，物权可以解剖为意思和形式两大要素，而物权的变动实际不过是上述两种要素的同步或非同步的变动。因此，对于物权变动的考察，自然也就应当循着意思和形式这两种要素所提供的线索进行。

1. 意志性要素的变动

物上意志的变动是指物上的排他性支配意志从一个主体过渡为另一主体。当我们以意志变动作为观察和分析的主线时，实际上我们仅仅需要讨论物权在两个特定的当事人之间的变动。在现实生活中，这种意志变动的最主要、最典型的情形是通过法律行为完成的，即通常所称的基于法律行为的物权变动。基于法律行为的物权变动的普遍性和典型性决定了其在物权变动模式建构中的核心地位，因此，物权变动通常就是指基于法律行为的物权变动。

假设物权 A 由甲转让给乙。在这一变动过程中，物权变动前的状态是甲拥有物权，甲对物 A 享有法律认可的物上意志；乙没有物权，乙产生了对物 A 的物权性支配性意志，乙的物上意志处于甲的物上意志的合法排斥之下。在这种情况下，物权变动要解决的全部问题就是要通过某种机制消除甲乙之间原有的意志性对抗使物上意志由甲过渡到乙，并进而变成乙的物权性意志对甲的意志的合法性排斥。显然，在这里，甲的物上意志相对于乙具有时间上的在先性。因此，要实现物上意志优越性的主体转换，必须通过当事人之间的合意消除原有的意志对抗。在现实的物权变动中，这一机制体现为甲乙之间的双方法律行为——合同。通过合同，双方当事人共同磋商一致而达成了物上意志排斥的方向性转换。这一转换之所以能够顺利进行，从根本上说是因为它是以双方当事人的意思自治为理性基础的。对此，黑格尔进行了精辟的论证：

我可以转让自己的财产，因为财产是我的，而财产之所以是我的，是因为我的意志体现在财产中。所以一般说来，我可以抛弃物而使它成为无主物，或委由他人的意志去占有。……我的意志表示不再视物为我所有就是真正的转让。

在契约中，我通过共同意志而获得所有权。（在转让所有权的契约中，原本作为我的所有权的内核的）主观意志的规定存留于契约中，而且存留于与他人意志的共同性（即两造通过契约而达成的合意）中。

通过约定，我放弃了所有权和在所有权中的我的特殊任性（即意志），所有权就马上属于他人的了。所以通过这种约定，我就在法上直接负有了给付的义务（给付义务由此而来)。①

依英美衡平法上的物权变动规则，合同生效后，衡平所有权就将属于"交割后拥有所有权"的那一方。衡平法认为，买方是交割后拥有所有权的一方，所以自买卖合同有效成立时起，买方就是标的物的所有者了。②

前已指出，物上意志具有合法性、真实性、成熟性、特定性等基本特征，上述特征决定了当事人之间的意志性变动同样必须符合上述四项基本特征才能完成双方当事人之间的物权变动。由于物权变动意味着物权的构成要素处于动态变化之中，因此，物上意志的合法性、真实性、成熟性和特定性就相应地要转变为变动中意志的合法性、真实性、成熟性和特定性。

2. 形式要素的变动

以上描述的仅仅是物上意志在双方当事人之间的变动。由于在基于法律行为的物权变动中，出让方变动物上意志的根本动因通常在于对价的获得，因此，其相对方并不具有特定性；同时，物的使用价值的共通性也决定了物权人以外的任何主体都可能成为受让方，这样，原物权人以外的任何人都有可能成为物权的受让者。由此决定了在物权变动中，常常存在若干受让人同时竞争同一标的物的情况，在这一意义上，不同受让人之间的关系与他们在原始取得中的竞争关系并无本质的区别。因此，在基于法律行为的物权变动中，物权变动的核心问题仍然是确保不

---

① 〔德〕黑格尔. 法哲学原理［M］. 范扬，张企泰，译. 北京：商务印书馆，1961：73，80，85.

② 李进之等. 美国财产法［M］. 北京：法律出版社，1999：153.

同物权取得人之间关系的和谐。这一秩序的和谐自然同样离不开形式理论——公示表象规则的运用。在物上意志的变动过程中，意志的外在表象的功能，就在于通过公示而在相应的范围使得变动了的物上意志获得相应的排他效力。因而，在物权的变动过程中，假定出现了一物数卖的情况，理性规则处理不同受让人之间关系的准则仍然是表象支持下的时间优先原则，即在先存在的受让物上意志只有能够让后来的受让物上意志知悉其存在，才能享有比后者更为优先的效力。

　　以上关于物权观念的分析表明，物权可以分为静态结构和动态结构两个方面。从动态的角度来看，一项物权可以分为产生、存在、消灭三个阶段，通常我们把物权的存在阶段视为物权的静态化阶段，相对地，物权的产生和消灭则是物权的动态化阶段。在物权的静态化阶段中，构成物权的意志性要素和形式性要素处于相对静止的状态；在物权的动态化阶段中，构成物权的意志性要素和形式性要素则处于变化的状态。这种物权构成要素的动态变化及其对物权的效力影响实际上也就是我们通常所说的物权变动模式。由此可见，所谓物权变动模式实际上就是物权观念的动态化表达，其实质是物权构造的有机组成部分。或者说物权变动理论不过是对变动中的物权描述，因此，物权变动规则的本质就是物权构造的动态表达，是静态物权在动态领域的延伸。

　　上述物权和物权变动模式之间的关系表明，对于物权变动模式的考察实际上完全可以还原为对物权观念的分析，而在特定的时空环境下，物权的观念应当是共通的，这种共通性在更根本的意义上导源于决定物权观念的那些更为根本的因素——即物上意志控制力的一般水平和具有普适性的外观依赖标准等。上述结论的得出使我们有可能避开诸多繁杂的非理性因素的影响，从物权的观念分析入手把握物权变动模式的清晰脉络。

五、物权变动模式的结构化分析

（一）物权观念的两个模型预设

如前所述，物权的形式性要素是其意志性要素的客观载体，从这一意义上说，物权的主观性要素越保守，客观形式要素就越单一；物权的主观性要素越开放，客观形式要素就越复杂多样。以这种物权形式的简单与复杂为标准，对应的物权观念就可以划分为简约和复杂两种模型。以下就针对这两种模型进行简要分析。

1. 简约型物权的含义与特征——简约型物权观的静态化解读

简约型物权是一种高度简化版的物权形态。在简约型物权观念中，从外在的形式到内在的意志，制度的简约性都达到了相当的程度。基于这一属性，我们可以粗线条地勾勒出古典物权的基本特征：

（1）物权意志的单一性

简约型物权的支配意志仅表现为一种，即以追求所有为目的的物上意志。简约型物权的这种意志支配上的单一性作为此类物权的根本特征和首要因素决定了该物权在形式以及类型上都必然相对简单。从权利类型上看，单一意志下的简约型物权仅有所有权这一种权利形态。

（2）物权形式的单一性

简约型物权的这种支配意志类型上的简单化，客观上也决定了其对意志的客观载体的要求也相对简单。因此，简约型的物权只有一种形式载体作为物上意志的依托。从客观可能性上看，这里的形式只可能是现实意义上的占有，这同时意味着，物上意志以现实的占有为其唯一的——既是最低的，同时也是最高的客观表达方式。

（3）物权效力的单调性与绝对性

物权的效力取决于物上意志的公示程度。在简约型物权下，由于其公示方式只有一种，这就决定了简约型物权的效力必然是单调的——或者是存在排他效力，或者是根本不存在，除此之外没有任何中间样态。在对物的事实管领与控制——即现实"占有"构成了物上支配意志表达的唯一方式和外在化的唯一途径的条件下，"行为支配（占有）之所在，必定为意志支配之所在"①。与此相适应，物权的效力也呈现出"棱角分明"的绝对性——即物权一旦有排他的效力，就意味着能够排斥所有的人。

（4）物上意志和占有之间的一体性与形式性

尽管从微观视角来看，在分析便利的意义上，一项完整的物权可以解构为意志性和形式性两个要素，但仅从逻辑上即可看出，古典物权的两个要素之间实际上具有不可分性。换言之，物上意志不可能脱离占有而独立存在。因此，对简约物权来说，占有之存在即为物权意志之存在，反之，物权意志之存在必然表现为占有。这一规则可以浓缩为"占有即为所有，所有即为占有"。由于外观形式成为物权判断的简洁标准，因此，从这一规则出发，简约型物权也可以称为形式物权。

（5）物权存在的两极性

简约化的物权虽然结构简单，但其存在却并非某一特定化历史时期的产物。本文随后的考察将表明，基于完全不同的社会原因，简约型物权将在不同的历史时期以不同的理念表现出来：一是静态保守性特征下的简约物权，一是动态开放型的简约物权。也就是说，简约型物权表现为在动静表现和保守开放状态上截然相反的两种形态。

---

① 〔德〕黑格尔. 法哲学原理［M］. 范扬，张企泰，译. 北京：商务印书馆，1961：81.

2. 复杂型物权的含义与特征

复杂型物权是一种在物上意志和外在形式上都相对复杂的物权形态。相对于简约型物权，复杂型物权具有以下特征：

（1）物上意志的多样性、复杂性

物上意志的多样性和复杂性，一方面表现在物权存在状态的复杂化——如标的物的遗失以及通常所说的所有权的观念化等等，一方面表现在物权类型的多样化——如用益物权、担保物权的设立等等。这样，与简约物权的类型单一化不同，该类物权形成了一个相对复杂的权利体系。

（2）意志表现形式的多样性和开放性

正如前文在物权结构中指出的，主观的物上意志是不可能脱离外在表象的支持而独立存在的，复杂物权观下的多样化物上意志形态，同样需要相应的外在表象的支持才能获得独立存在。正如康德所称，复杂物权的意义是，"我不能把一个有形体的物或一个在空间的对象称为是'我的'，除非我能够断言，我在另一种意义上真正的占有它，虽然我并没有在物质上占有它"。对于物上意志表象的多样性，黑格尔也指出：

给物以定形，随着对象的质的本性以及各种不同的主观目的而无限地不同……这种定形在经验上可以有种种不同的形态。

从感性方面说，身体把握是最完善的占有方式，因为我是直接体现在这占有中，从而我的意志也同样可被认识到。但是一般来说，这种占有方式仅仅是主观的、暂时的，而且从对象的范围说来，以及由于对象的质的本性之故，都受到极大的限制。如果我能把某物跟我用其他方法所取得而已属于我的东西联系起来，或者某物偶然地加入这种联系，这多少可使这种占有方式扩大范围；至于利用其他中介作用也可以达到同样结果。

物的占有有时是直接的身体把握，有时是给物以定形，有时是单纯的标志。

这种占有无论从对象的范围和它的意义来说，都是极不明确的。他种占有方式虽然多少带有标志本身的作用，但通过标志来占有是一切占有中最完全的。

占有的这些方式包含着由单一性的规定到普遍性的规定的进展。身体把握只能行于单一物，反之，标志是借观念而占有。在后一种情况，我用观念来对待物，并且认为全部是我的，而不仅仅以我身体所能占有的部分为限。①

显然，无论是康德的"非物质性占有"还是黑格尔的"观念性占有"，都是指现实占有之外的、物上意志藉以表达的一切外在载体和客观表象。例如，在土地上设立用益物权，由于设立物权的合同中表达的合意是用益性的，因此，所有人的支配标的物的"所有性"的物上意志并未丧失，这是所有人仍然能够保有其所有权的正当性基础。以上分析表明，在复杂物权观下，占有并非物权的唯一表象，物上意志的类型有多少种表现形态，就会有多少与之对应的外观形式。由此，主客观相一致这一物权构造的最基本的原则就在物上意志及其表现形式的多样化中实现了和谐与统一。

（3）物权效力的层次性

前已指出，按照物权的基本原理，物上意志通过表象的公示而获得排斥他人的效力。在简约模式下，由于公示方式仅限于占有，因此，简约物权的效力相应地就具有绝对性特征，然而在复杂物权观下，情形则

---

① 〔德〕黑格尔．法哲学原理［M］．范扬，张企泰，译．北京：商务印书馆，1961：73，80，85.

有所不同，由于复杂物权观的一个显著的特征就是公示方式的多样化，而不同的公示方式又天然地具有不同的公示强度，这样，从公示即"通过让他人知道而获得排斥他人的效力"这一基本的物权原则出发，多样化的公示方式下的物权效力也必然是多层次性的，由此即产生了强势公示表象——占有支持下的绝对物权和其他弱势表象支持下的相对物权的区分。这样，与简约型物权不同，复杂物权认为，物权从效力层次上可以分为对一个人的物权、对数个人的物权以及对一切人的物权。在这里，简约物权观下的"物权必定具有绝对效力"的思想得到了矫正。复杂物权观认为，物权的本质并非取决于其效力范围——即其所排斥的他人的数量，而取决于其效力的质的规定——即物上变动意志是否具有排他的效力。物上支配意志在其公示范围内具有排斥他人的效力，这就具备了物权的全部条件。在绝对物权和相对物权的权利体系中，物权的本质统一于物上意志的排他效力，而非统一于排他范围的无限性或绝对性，换言之，相对物权观实际上秉持着这样的理念，即物权排他效力的范围仅仅是对物权效力范围的量的表征，而非质的判断。

（二）物权观念预设在物权变动意义上的制度展开

1. 简约型物权变动模式的模式特征

简约型物权变动模式的特征主要可以归结为以下几点：

（1）简洁性

在简约型物权中，物权变动以现实意义上的交付为中心，不交付物权绝对不发生变动，一旦交付物权即可发生变动。由此，交付成为判断物权变动的一个极为便利的外观性因素，从而使得简约型物权的物权变动表现出了强烈的简洁性。

（2）保守性

由于简约性物权的物权变动意志只能表现在现实交付中，这就决定了简洁型物权的物权变动即不可能提前于交付，也不可能滞后于交付，从而在现实交付的束缚下表现出相对的意志保守性。

（3）有因性

尽管简约型物权以交付为物权变动中心，但由于这里的交付实际上属于法律行为意义上的物权变动行为，而不是纯粹的公示形式。因此，如果我们把物权变动合意作为物权变动的根本原因，那么，简约型的物权变动模式仍然属于有因的物权变动模式。

2. 公示对抗主义物权变动模式的模式特征

（1）物权变动的自由性

在复杂型物权的物权变动中，由于复杂型物权本身的意志表现就具有相当程度的自由属性，相应地，在物权变动过程中，变动中的物权的自由属性同样得到了较好的表达。

（2）物权变动的渐进性

如上所述，复杂型物权的变动模式不是像简约型物权那样表现为一个瞬时性过程，而是表现为一个由小到大，排他范围由弱渐强的级次化过程。

（3）物权变动中意志性要素的主导性

在复杂型物权变动过程中，物权变动可以分为意志性要素的变动和形式性要素的变动两条线索，物权合意决定着物权是否变动以及变动的过程、速度、方向等。而形式性要素的变动则决定公示的范围及其性质。从意志性要素和形式性要素所起的作用以及二者之间的关系来看，物权是否变动首先取决于当事人的意志，没有当事人的变动意志，物权即使发生外观上的变动，也不发生根本意思上的变动。同时，物权变动合意的主导性还表现在占有改定、所有权保留、合同解除、合同无效等诸多方面。

（4）物权变动的有因性

在物权变动的过程中，基于意志性要素的引导性作用，如果我们将当事人的意志作为物权变动的根本原因，那么，基于物权变动的意志性原因在物权变动过程中的作用，使得复杂型物权下的物权变动模式就可以成为有因的物权变动模式。

（5）物权变动制度的逻辑统一性

在上述物权变动制度体系中，物权表象的多样性、物权效力的层次性、物权种类的多样性、物权变动中当事人物上意志的主导性、有因性，以及公示公信、善意取得等制度都不是孤立存在的，它们之间存在着高度的内在逻辑一致性。

第三章　古典法时期的物权变动透视

对物权及其变动规则的逻辑分析表明，作为物权变动制度起点的"古典简约物权"，呈现出显著的"形式化"特征：包括物权的简洁性、物权与占有的一致性、物权效力的单调性，等等。对世界各国比较典型的古代法的考察表明，在古典法时代，物权制度的确呈现出高度类似的形式化特征，并且，在古典法逐渐发展的过程中，尤其在古典法后期，形式化的物权及其变动规则开始出现部分"意思主义"倾向的松动。这表明，在古典法时期，物权观念及物权变动模式基本符合"逻辑预测"的状态。以下分别以罗马法、日耳曼法、普通法以及东亚古代法为对象，针对其物权变动制度的古典化时期的状态及在古典化时代末期的演进动向进行初步的分析。

一、古典静态物权真实样态的
历史考察与比较分析

按照前文的预设分析，古典物权应当是一个占有与所有高度混合的形式单一、类型单一、效力绝对的权利意识形态，它代表着人类物权性权利意识形成初期的朴素状态，这种朴素的权利意识构成了人类认识物权、理解物权、把握物权的制度开始。那么，真实历史世界中的早期物权类型是否有如逻辑预设中的想象？

在历史学家提供的史料中，关于早期物权形态的考察唾手可得，其结论大致吻合了先前所做出的预测。例如，按照社会学家的描述，早期的物上支配起始于对物的占领，但在初期，"占领性的（occupational）保有或持有绝非为了权力，而是为了使用。在该阶段，私有财产权最多只是占有权（possessory right）。"① 当然，这只是一个粗略的考察，为了获得历史古典物权的清晰图像，我们还必须深入到具体的法律制度中。

（一）日耳曼法

早期日耳曼法上的绝对物权观似乎最为典型。因为在古日耳曼社会，物权观念与物权制度很不发达，近代意义上的所有权概念亦未形成，有关物的归属与利用关系均由占有（Gewere）法律体系调整。

尽管 Gewere 所表露出来的强烈的占有的含义表明，它与罗马法的占有（Possession）具有某种类似性，但事实上，Gewere 不仅仅是占有，而且代表了对财产的一种总的拥有之事实状态，这一点仅从 Gewere 所包含的三重效力——防御效力、攻击效力、移转效力上即可看出。从词源上看，Gewere 相当于拉丁语的"vestitura"或"investitura"（着装），意指占有移转（通过占有而着装）的行为。后来转义为该行为招致的状态即占有（指物的事实支配）状态本身。而这种事实上的支配，在动产的情况下是持有，在不动产的情况下在于用益。

在日耳曼法中，物权只有通过 Gewere 才能把握，物权全部都通过

---

① 〔美〕霍布豪斯（Leonard T. Hobhouse）. 财产权的历史演化：观念的和事实的 [M]. 翟小波，译. 载公法网，2014－03－23.

Gewere 的外观（持有或用益）来展现；而只有采取 Gewere 形式所体现的才被视为物权，并作为物权受到保护。如果把 Gewere 视为本权的话，那也不是从本权中分离出来的赤裸的本权，而是带有对物进行事实上的支配的外衣的本权。因为日耳曼法上的 Gewere 中存在的占有与本权的这种密不可分的关系，所以 Gewere 具有一种特殊的性质，即说它是占有它就是占有，而说它是本权的话，它也是本权，这也正是我们将它理解为"支配权"的原因所在。① 也正是在这个意义上，"Gewere"制度构成了日耳曼物权法的基础。而占有之所以在如此重要的意义上构成了日耳曼物权法之基础，从根本上看是因为早期日耳曼民族坚信，通过现实占有（也是所有权得以依存的形式或者说是"外来力量"）去把握物权是表述物权的最可靠的方式，因为"人们只有在某人事实上现实占有时，受这种事实的'外来力量'的支配，才尊重这种所有或占有，没有此种'外来力量'的支配，所有权就不会得到尊重。"② 无疑，以上分析充分表明，古日耳曼法上的物权观与前述古典化的绝对物权观表现出了高度的吻合。

（二）罗马法

相对于日耳曼法在古典绝对物权观上的长久徘徊，罗马私法的发达以及由此导致的物权观念的迅速进化，使我们很难在罗马法史上找到古典物权的完整图景。详言之，作为"古代奴隶制社会最发达、最完备的法律体系"和"商品生产者社会的第一个世界性法律"，③ 较之同一

---

① 易继明. 日耳曼财产法的团体主义特征［J］. 比较法研究，2001（3）.

② 参见〔日〕川岛武宜. 现代化与法［M］. 王志安，等译. 北京：中国政法大学出版社，1994：80.

③ 〔德〕恩格斯. 路德维希费尔巴哈和德国古典哲学的终结［M］//马克思恩格斯选集：第4卷，248.

时期的其他考察对象而言，罗马法早期的超乎想象的发达使我们所看到的罗马法所有权已经几乎是一个和今天的所有权观念极其接近的事物。因为在相当早的时候，甚至在公元前 5 世纪中期的罗马《十二表法》时期，所有权与占有已经形成了泾渭分明并且无可动摇的区分。①

但实际上，即便我们并不否认罗马法的发达以及由此带来的物权理念的先进，但同样必须承认的是，今天我们所见到的物权法在很大程度上加入了后来者的解释性因素和成分，而这些晚期思想的介入多少模糊了历史考察的视野，也极有可能带有某种程度的夸大色彩。以大陆法以外的视角的考察则表明，"在相当长时间内，罗马法理论上并不存在近代意义上的大陆法系所有权的概念和理论。"② 罗马法"绝对所有权"概念的产生经历了一个漫长的过程。

"proprietas"（所有权）产生于帝国晚期，也是相对于用益物权而使用。可以认为，正是由于役权的出现，才客观上产生了从法律上明确土地所有人地位的要求。③ 按照梅因的推测：不论我们对罗马人所接受的有关所有权的观念钻研得如何深入，不论我们在追溯这些观念时如何密切接近法律的初生时代，我们所能得到的有关所有权的概念不外乎包括这三个要素——"占有""他主占有"（即不是一种任意或从属而是对世性的绝对占有）以及"时效"，也就是"他主占有"不间断地延续着的一定期间。④

所有权观念的形成有赖于用益性物权的产生，而用益性物权的产生必定以相对发达的社会条件为背景，这表明，认为罗马法早期即形成了

---

① 周枏先生多次指出，占有和所有在罗马法上的差异。参见周枏. 罗马法原论 [M]. 北京：商务印书馆，2001：2.
② 邓建鹏. 古代中国土地权利状态的法理分析 [J]. 中外法学，2005（2）.
③ 马俊驹，梅夏英. 罗马法财产权构造演变的历史评析 [J]. 人民日报，2001 - 10 - 02.
④ 〔英〕梅因. 古代法 [M]. 沈景一，译. 北京：商务印书馆，1959：142.

成熟明晰的所有权观念的说法多少值得怀疑，而罗马法学者也指出，确切地讲，在《民法大全》中，没有一章专门论述"所有权"，也没有关于它的定义。所有权的概念基本上是由"此物是我的"所确认，即由某物属于某人并由此人"直接"行使对该物的那种归属权所确认，所有权结果被表述为"可以合法地使用（usare），获得孳息（trarre i frutti），拥有（avere）和占有（possedere）"。① 在这一连串的表达中，除去标示合法性的（usare）和标示权利内容的（trarre i frutti），"拥有（avere）和占有（possedere）"对所有权的揭示实际上清晰地表明了所有与外观意义上的形式控制之间的密切关联性。这说明，罗马法早期有关所有权的制度表达实际上同样反映了占有等于所有的制度特征。

（三）普通法

普通法或英国法导源于 12 世纪开始出现的普通法。② "普通法是在英格兰被诺曼人征服后的几个世纪里，英格兰政府逐步走向中央集权和特殊化的进程中，行政权力全面胜利的一种副产品。"③ 尽管如此，为了获得对普通法的早期物权观的清晰认识，我们仍然应当将历史考察的目光继续向前推进到诺曼法以前的盎格鲁撒克逊法（Anglo‐Saxson Law）时代。"盎格鲁撒克逊人是古代日耳曼人在北欧的部落集团。他们在 5 世纪左右侵入英国，从那时起到 1066 年，在英国历史上称为盎格鲁撒克逊时期……盎格鲁撒克逊法与（同属日耳曼民族的）古代条

---

① 〔意〕桑德罗・斯奇巴尼.《民法大全选译（Ⅲ）・物与物权》说明［M］. 范怀俊，译. 北京：中国政法大学出版社，1993：3.
② 沈宗灵. 比较法研究［M］. 北京：北京大学出版社，1998：198.
③ 〔英〕S. F. C. 密尔松. 普通法的历史基础［M］. 北京：中国大百科全书出版社，1999：3.

顿人的法律相似。"① 这样，对于普通法的历史考察就和日耳曼的法律制度接合起来了。在这种地缘关系的影响下，普通法的形成不可避免地植入了日耳曼法的基因，因此，无论在早期的盎格鲁撒克逊法还是随后的诺曼底法中，我们都可以感受到日耳曼法的浓厚气息。例如，在最能反映古典物权结构的占有委托——"无权"处分结构中，盎格鲁撒克逊法和诺曼底法都采行了日耳曼法"手护手"的交易观念和原则，这种情况甚至一直持续到了 18 世纪晚期。② 这表明，普通法早期的所有权观念同样吻合了古典简约型物权的逻辑预设。

（四）东亚古代法

由于古代东方的土地所有制形式主要是国有制，所以古代东方各民法都强调对土地国有权的保护。如希伯来民法至少在前期规定，土地所有权皆为国有权，没有私有权。最高统治者摩西曾向他的臣民宣称："土地不可永卖，因为地是我的，你们在我面前是旅客，是寄居的。"③印度、伊斯兰、俄罗斯和我国土地基本为国有。

随着私有制的发展，土地的所有权在东方国家开始逐步得到确认，《汉穆拉比法典》④和印度的《政事论》都包含了所有权思想的萌芽。⑤中国则在春秋后期才出现土地私有权。在漫长的私人所有权确立过程中，对国家权力的斗争过分掩饰了私人权利的表现形态，但长期并大规

---

① 〔德〕艾米尔·路德维希. 德国人：一个具有双重历史的国家 [M]. 杨成洁，潘琪，译. 上海：生活·读书·新知三联书店，1991：1.
② 孙鹏. 物权公示论 [M]. 北京：法律出版社，2004：337.
③ 《新旧约全书》，圣公会印发，1940：93.
④ 法学教材编辑部. 外国法制史资料选编：上册 [M]. 北京：北京大学出版社，1982：14.
⑤ 崔连仲，等，选译. 古印度帝国时代史料选辑 [M]. 北京：商务印术馆，1989：41.

模地表现与前封建社会的土地暴力兼并活动，实际上也在民法观念浅淡的法制背景下侧面反映所有权与占有之间的密切关联。在这一意义上，既然没有成熟典型的现代所有权，则其所有权形态向古典简约型物权的靠拢与接近就成为历史的必然。

二、古典动态物权的历史考察与比较分析

相对于古典简约物权在静态角度下所表达出来的占有与所有的高度统一，动态意义上古典物权对物上支配意志与单一化的外观形式之间的关联性毫不逊色，"从制度发展史的角度观察，早期人类社会中的不动产权利转让普遍具有注重形式的偏好，即当事人必须将特定言辞、行为、象征物等仪式化因素引入到转让过程中。"① 显然，仪式化的形式表达构成了古典动态物权的绝佳图像。

（一）日耳曼法

早期日耳曼法的典型的形式单一化特征不仅表现在静态方面，在动态意义上其体现更为充分。如：

在古代日耳曼社会，一切法律行为，均依特定的形式和公开表示而为之。一切法律行为，均是在可闻、可见的状态下进行的。土地的转让，其形式为转让人从转让的土地上，取来少许土块或草茎，以之为象征标的物而放置于受让人的膝上。这种转让行为，日后演变为转让人授与受让人支配土地的权利的转让契约（Sala，donatio）与交付行为

---

① 常鹏翱. 物权法之形式主义的历史解读 [J]. 中外法学，2004（1）：48.

（traditio，investitur）。①

不动产所有权意欲发生移转，就必须有现实占有的移转，即受让人必须从出让人处现实占有不动产，这是一个富有象征意义的仪式：当事人双方亲临作为交易对象的土地，在若干证人见证下，用特定言辞表达移转土地的意思，并用树枝或者泥块象征土地交付，此种仪式被称为"sala"；与之关联的是取得人通过象征性交付（investitur）取得占有（如将手套或者帽子脱下和戴上），以及占有人在形式上放弃占有（res-ginatio）。②

这种土地占有移转形式，将交易行为通过人们感官可以察知的方式展示出来，不仅确立了对物的支配性，也产生了重要的证明效力。不过，此种形式与实体权利内容并无关联，而是与交易行为的合法性相关，一旦人们对土地存有争议，它是针对有关转让过程的合法性产生的，而并非对所有权的争议。③

日耳曼法上的这种对物权变动形式的特殊要求并不仅限于不动产，在动产上，大致相同的情况同样存在。对动产来说，即使动产所有权人对财产享有完全所有权，并有追及力，但其转移也必须遵守一套严格的程式，否则便不发生法律效力。也正是在这种思想的指导下，所有权人的追及权，根据是否履行了"一定的程式"而具有不同的效力。如果基于所有权人的意志按一定程式转移了对财产的占有（如委托保管、借用和出租等），而占有人又将财产经过一定的程式转让给了第三人，

---

①　陈华彬. 外国物权法［M］. 北京：法律出版社，2004：7.

②　Stadler. *Gestaltungsfreiheit und Verkehrsschutz durch Abstraktion*［M］. J. C. B. Mohr（Paul Siebeck），1996：58.

③　Buchholz. *Abstraktionsprizip und Immobiliarrecht：Zur Geschichte der Auflassung und der Grundschuld*［M］. Vittorio Klostermann，1978：21－22.

那么所有权人则丧失了对财产的追及权，只能对占有人请求赔偿。① 正如日耳曼法谚曰："汝授予汝之信赖，汝仅得对受信赖者为要求也。"这样，通过这种程序，就割裂了原所有权人对其财产的绝对权利。这种"以手易手（或称一手传一手）（Hand Wahren Hand）"或称"以手护手"（Hand muss Hand Wahren）的程序无疑成了古典动态简约物权的绝佳阐释。②

（二）罗马法

在罗马法的物权变动规则中，我们可以轻易地捕捉到以"占有"为中心的一元化物权变动规则。古典物权变动以交付为其标志所表达的，实际上是变动中的物权合意与占有的转移间的一体性问题，在这里，静态物权中物上支配意志与占有之间的不可分离性变成了动态的物权变动意志——物权合意和动态占有——交付之间的不可分离性。③

为了更好地理解形式所具有的这一功能，我们不妨重新走进历史。而在特定的历史时空中可以发现，如上所述的交付仅仅是一个省略式的表达，现实中的古典交付往往人为地附加了诸多复杂环节，这些环节可以归结为仪式的复杂化、程序化以及一定意义上伴有神权色彩的宗教因素的引入。对罗马法源头的追溯可以发现：

让与行为大都是一大套不能有丝毫疏忽的仪式所重复着……古代法特别使我们看到了粗糙形式的契约与成熟时期的契约之间存在着一个遥远的距离。在开始时，法律对于强迫履行一个允诺，并不加以干预。使

---

① 易继明. 日耳曼财产法的团体主义特征［J］. 比较法研究，2001（3）.

② 如在土地转让中，往往移交一只手套或一支矛作为合法所有权的标志。参见不列颠百科全书第 15 版第 8 卷第 31 页.

③ 在这里，物之交易虽然由于物权合意与现实交付的捆绑而显得相对笨重，但却以其权利判断风格的简约而应和了原始条件下人类认识能力的普适性标准。

法律执有制裁武器的，不是一个允约，而是附着于一种庄严仪式的允约。仪式不但和允约本身有同样的重要性，仪式并且比允约更为重要……（古典的物权变动仪式）需要多种多样象征性的行为或言辞，其目的是使整个交易能深深地印在参与仪式的每一个人的记忆中；它们并且要求一个很大数目的证人到场。从这些特点以及类似的其他特点产生了古代财产形式上普遍存在着的顽强性。古代法一致拒绝废除一个单独动作，不论它是如何的荒诞；一个单独的音节，不论其意义可能是早已被忘却了；一个单独的证人，不论他的证词是如何的多余。全部的仪式应该由法律上所规定的必须参加的人们毫不苟且地加以完成，否则让与便归无效，而出卖人亦恢复其权利，因为他移转的企图并未生效。① 不仅如此，在远古社会，"个体行为没有独立意义，它必须与群体发生着默默地关联，表象上看似具有个体属性的行为，实际上渗透着浓厚的群体气息，个体和群体相互交织，构成了浑然一体的世界。"② 在这种情势下，借助他人的介入以使得当事人之间的内部意思表达最大限度地接近真实就成了先民惯用的手法。

这里我们可以以典型的古罗马物权交易模式——曼兮帕蓄（Manci-patio）作为制度考察的对象。对于曼式买卖，罗马法学家盖尤斯和乌尔披亚努斯都曾做过这样的描述：

买卖双方必须亲自到现场，邀请具有行为能力的成年罗马市民6人，5人为证人，1人为司秤。然后由买主手持欲买之物和一铜片行至司秤人面前说："依照罗马法律，此物应归我所有，是我以此铜片和秤买来的。"随后用铜片在秤上敲击，交付此铜片给卖主作为价金，买卖

---

① 梅因. 古代法［M］. 沈景一，译. 北京：商务印书馆，1959：154，171，185.
② Gierke, *Deutsches Privatrecht*, *Bd.* Ⅱ, *Sachenrecht*［M］. Leipzig，1905：347. 转引自常鹏翱. 物权法之形式主义传统的历史解读［J］. 中外法学，2004（1）：53.

关系就此宣告成立。①

曼式程式的要求是极为严格的，"问题和回答都要说出来；回答必须在提问后立即做出；双方当事人必须始终在场，回答必须与提问准确地相对应……"② 并且，"既然人们所说的固定的用语以及所做的动作本身就包含着其得以产生功效的根源，那么它们假如不完全符合因为成功而被神圣化的典仪，就丧失了这些功效。"③ 所以，任何一点语言或程序上的疏漏都足以导致交易无效的后果。④

如果我们把问题的视角锁定在物权变动当事人之间，不难发现，这仪式既是社会政治、经济、文化等力量的凝聚点，又在人们心目中象征着宇宙模式和道德秩序的古典文化氛围中，无论是程式的繁琐化还是第三人或神的、宗教因素的引入——古典模式之所以在交付上附加诸多繁琐的枝节性因素，其目的无非在于更有力地保障当事人之间的物权变动合意的真实审慎和成熟。古典交易仪式所具有的这种功能并不难理解，正如有学者指出的，面对复杂的仪式，"当时的人们并未因此而感到不便，相反却增加了内心的可靠与踏实。"⑤ "形式使行为具有确定性和清晰性，它们不仅可以指明所做事情的特点，说明该行为完成的时间，还可以让当事人在实施行为之前有一个停顿，以便确保他们知道决定性的

---

① 谢邦宇主编. 罗马法［M］. 北京：北京大学出版社，1990：183. 其他相关论述参见周枏. 罗马法原论［M］. 北京：商务印书馆，1994：715. 彼德罗·彭梵德. 罗马法教科书［M］. 黄风，译. 北京：中国政法大学出版社，1992：212—213. 盖尤斯. 法学阶梯［M］. 黄风，译. 北京：中国政法大学出版社，1996：44.
② ［英］巴里·尼古拉斯. 罗马法概论［M］. 黄风，译. 北京：法律出版社，2000：203.
③ ［法］爱弥尔·涂尔干. 宗教生活的基本形式［M］. 渠东，等译. 上海：上海人民出版社，1999：41.
④ ［英］巴里·尼古拉斯. 罗马法概论［M］. 黄风，译. 北京：法律出版社，2000：60. 另参见周枏. 罗马法原论［M］. 商务印书馆，1994：667.
⑤ 参见周枏. 罗马法原论［M］. 北京：商务印书馆，1994：716.

时刻已经来临。"① 正是在这一意义上，梅因指出："古代法中的交易仪式，目的在于使整个交易能深深印在参与仪式的每一个人的记忆中。"②同时也正是在这一意义上，"程式之外不可能存在真实的物上变动意志以及程式一旦完成则物上变动意志的真实性即不容怀疑"这一命题才获得了正当性源泉。

（三）普通法

在古代英国，类似"日耳曼之'sala'"和"罗马之'曼兮帕蓄（Mancipatio）'"的方式也普遍存在。"一个所有者将土地卖给他人时，就在被移转的土地上举行一个公开仪式，以标志土地的转让。原先的土地所有者，当着公证人的面，在仪式上把地产上的一块土和一根枝条作为产权让渡证书交给新的所有者。然后，出席仪式的成年人痛殴一名目睹了移交土地和枝条的孩子，严厉的毒打使孩子终生难忘。这样，通过孩子挨打受惊，这项移转的一个活纪录就产生了。"③

显然，这种看似野蛮的做法虽不如宗教力量控制下的神授仪式文明，但却扮演了同样的角色，具备了同样的功能。及至封建时代，英国在土地制度上实行采邑（feud）制，在这一制度架构下，正如土地的获得需要"封主赐给封臣一小撮泥土、树枝或茅草，象征封给土地"一样，土地的移转行为（"使其占有"feoffm ent）也需要通过固定的程序和仪式，移转仪式是这样的，"双方同到有关的土地上面，在那里，由领主就地取泥土一团交给接收采邑的对方。"普通法上的这种仪式叫作

---

① 〔英〕巴里·尼古拉斯. 罗马法概论［M］. 黄风，译. 法律出版社，2000：60；周枏. 罗马法原论［M］. 北京：商务印书馆，1994：667；〔意〕彼德罗·彭梵德. 罗马法教科书［M］. 北京：中国政法大学出版社，1992：355.

② 梅因. 古代法［M］. 沈景一，译. 商务印书馆，1959：154.

③ 罗伯特·考特，托马斯·尤伦. 法和经济学［M］. 上海：上海三联书店，上海人民出版社，1994：206.

"livery of seizen"。① 这种情况直到 1677 年《防止欺诈法》实行后才得以改变（如没有契据 deed，不得移转任何土地上的权利）。

（四）东亚古代法

绝对性的古典动态物权理念在东亚早期的私法中同样存在，尤以不动产交易为典型。据史学学者考证，中国最早的土地买卖始于公元前2000 多年前的西周时期，当时的土地买卖同样表现为有严格的仪式，包括举旗、在宗庙举行仪式、交易内容的程式性问答、当事人宣誓、第三方（通常是官方）见证、举行宴会等。② 还有学者就早期不动产物权变动契约进行了考察，表明在土地所有权初得确立的早期，民间土地买卖多为"私下成交"，但许多买地券最后记有"他如天帝律令""如律令""有天帝教如律令"之类的警句，表示"老天作证，不得翻悔"之意。③

在东南亚地区，据学者考证，吕宋岛北部原始时代的伊富高人曾依物之移转仪式将其分为"伊保义"和"艾德—马—伊保义"两种，所谓伊保义财产主要由不动产和贵重物品组成。在这种财产中，买卖的仪式须择宗教节日在买家举行。④

（五）对古典动态物权的法律行为意义上的解释——古典物权行为

如上所述，古典仪式的本质功能在于保障物权变动合意的真实性，

---

① 〔美〕阿瑟·库恩．英美法原理［M］．陈朝璧，译注．北京：法律出版社，2002：152．

② 赵云旗．中国土地买卖起源问题再探讨［J］．学术月刊，1999（1）：87．

③ 魏天安．从模糊到明晰——中国古代土地产权制度之变迁［J］．中国农史，2003（4）．

④ 〔美〕E. 霍贝尔．原始人的法［M］．严存生，译．贵阳：贵州人民出版社，1992：93．

因此，尽管高度程式化的仪式表面上看起来似乎超出了合意的范畴，以至于一度曾导致了对古典仪式本质的不小的误解：仪式的任何瑕疵都将导致转让过程无效，相反，如果所有程序和仪式均已正确进行完毕，至于转让是否反映了当事人的真实意图，法律并不重视。所以，罗马最早阶段一切要式行为只可能依赖于耐克逊，合意是不存在的。① 甚至梅因也认为："仪式不但和允约本身有同样的重要性，仪式并且比允约更为重要。"②

实际上，"仪式包含了物权合意"这一点仅从逻辑的角度就可以简单地得到证明：仪式视野下的物权变动是基于双方意愿的一种权利移转，而不是一种事实性的变动。由此可以断定仪式中必然包含物权合意，把仪式看作一个物权变动形式的一个整体，耐克逊虽然复杂，但却是一气呵成的，因此，这种过程上的连续性使得作为外观表现的仪式和内在因素的意思之间无由分开的必要，相反却在仪式的严格要求下紧密相连，在这一情势下，除了仪式，这里没有契约。"尽管财产的让渡实际上必然是人类自财产出现之后便马上面临的问题，但在交换的早期，实际上是此后一段很长的（甚至几百上千年）时间内，并不存在有如今天德国法系下的契约和债的概念。"③ 在这样的背景下，物权变动合意也就只能存在于仪式中。

① 　马俊驹，梅夏英．罗马法财产权构造的形成机制及近代的演进//杨振山，〔意〕斯奇巴尼主编．罗马法·中国法与民法法典化：物权和债权研究［M］．北京：中国政法大学出版社，2001：23.

② 　〔英〕梅因．古代法［M］．沈景一，译．北京：商务印书馆，1959：157.

③ 　〔英〕孟罗等．欧陆法律发达史［M］．北京：商务印书馆，1994：54.

三、古典法后期的物权变动规则演进：
意思主义的萌芽

罗马法跨越千年的演进历程并非是一个单纯的法律规则的演化，而是一个多元法律效力体系的综合体，这一体系主要可以分为市民法和万民法。市民法仅仅适用于罗马市民，比较古板，讲究形式主义。在物权变动领域，市民法规定的要式口约、要式买卖和拟诉弃权等交易方式都讲究形式上的象征性，可以说是原始交易形式在法律上的程式化。

如果以现代人的眼光来看，这些方式无疑是保守的、落后的，但如果从历史的角度去分析，我们就会发现它们又具有其时代的合理性，正像梅因对要式买卖所做的评价那样："由于它的产生远在书写艺术发明之前、至少是在书写艺术广为流传之前，所以手势、冗长的繁复的仪式是为了要使有关各方都能注意到交易的重要性，并使证人们因此而获得深刻的印象。"①

在这一意义上，应当承认，作为罗马初始时期的发达的法律规范，市民法所确立的古典物权变动模式，在体现着共同的物权变动模式历史起点的法律王国中，同样表现了高超的法律创造和领先的立法水平。然而随着罗马法社会经济文化的迅速发展，作为早期法主导力量的市民法，也表现了如同一般法的发展历程中所极易出现的特征：由于社会的

---

① 林榕年，李利军. 罗马法的所有权制度及其历史沿革 [M] //杨振山，〔意〕斯奇巴尼主编. 罗马法·中国法与民法法典化：物权和债权研究 [M]. 北京：中国政法大学出版社，2001：147. 所引梅因论断参见梅因. 古代法. 沈景一，译. 北京：商务印书馆，1959：116.

进化表现出对法律进化的强烈需求与法律的滞后之间产生了日益突出的矛盾——市民法出于对物权变动的保障的天才创造——古典物权变动仪式逐渐沦为僵化、形式主义的教条，"市民法上认可和保护的所有物交易方式，具有狭隘和形式主义的特征"①。于是，罗马法的历史在物权变动的意义上就成了一个在社会不断进化过程中依靠各种法律力量推动物权变动法律变革的过程，这一过程为我们展示了一幅自然法的熏陶、万民法的形成、裁判官法的创造甚至法学家解释的宏大历史图卷。

尽管古典化的仪式对早期的物权变动起到了良好的作用，但同时不能不看到的是，仪式本身的复杂性（包含诸多琐细环节）、严格性（任一环节的瑕疵都将导致物权变动失效）、长期性等标志性特征都是与缓慢的物权交易秩序相关联和吻合的。而一旦物权交易秩序稍微活跃，原始的物权变动仪式的不便必将成为交易效率的羁绊。在历史的视野下，我们不能单纯地褒贬一个活的社会制度的好坏，重要的是，一个制度只有在与特定的历史需要相吻合的情况下才是正当的。在这一意义上，如果说曼兮帕蓄和拟诉弃权等古典仪式吻合了早期法时代的现实需求，那么，在古典法的社会基础迅速消融的罗马法上，古典仪式的正当性也就必然不复存在了。对此，梅因给予了很好的说明：

真的，古代仪式的害处，上面所说的仅及其半。假使只在土地的移转中需要有书面的或更为的精密让与，由于这类财产绝少在极匆忙之中予以处分，在移转时发生错误的机会是不会多的。但是古代世界中所谓高级财产不但包括土地，并且也包括几种最最普通和几种最最有价值的

①　马俊驹，梅夏英. 罗马法财产权构造的形成机制及近代的演进［M］//载杨振山，〔意〕斯奇巴尼主编. 罗马法·中国法与民法法典化：物权和债权研究. 北京：中国政法大学出版社，2001：17.

动产。当社会一经开始很快地运动时，如果对于一匹马或一头牛，或对于古代世界最有价值的可移动之物——"奴隶"——都需要高度地以错综复杂形式的移转，必将感到很大的不便。

于是，在要求简化的强大的社会需求的推动下，智慧的罗马人尽可能地削弱、避免、修正古典仪式的不便：

"对使用物件和享有物件的自由流通所加的种种障碍，只要社会获得极为细微的活动时，就会立刻被感觉到，前进中的社会就竭力用种种权宜手段来克服这些障碍，这就形成了'财产'史中的材料。"

罗马法对古典仪式的逐步否定过程主要表现在以下诸方面：

（一）简化的物权变动规则在价值低微的物权变动领域率先实现

各种低级的财产，由于蔑视和忽视，首先从原始法律所喜爱的复杂仪式中释放出来，此后，在另一种智力进步的状态下，简单的移转和恢复方法便被采用，作为一个模型，以它的便利和简单来非难从古代传下来的繁重仪式。

可能除此以外，存在着或产生了有一类的物件，这些物件是不值得坚持采用全部的"曼企帕地荷"仪式的。当这些物件由所有人移转给所有人时，只需进行通常手续程序的一部分，这一部分就是实际送达、实物移转或交付，这是一种财产所有权变更的最明显的标志。

（二）对古典仪式的直接排除

除了在不重要的动产上对仪式的适用进行排除，即使对于那些早期民法认为必须经过严格仪式才能转移的物权，其现实中的交易也常常将那些严格的形式置于脑后，但由于法律上仍然坚守着不经过仪式即不能转移物权的做法，因此，现实中就出现了大量的"移转形式瑕疵"下的物权，由于他们被人们无差异地接受和使用着，并未感到任何不便：对于那些比较重要，但交易又相对频繁的物件，如牲畜、奴隶等这类商品一定常常是、并且甚至于原来是用不完全的形式来让与的，因此也就在不完全的名义下持有它们。①

罗马法虽然在传统观念的氛围中没有直接松动有关移转仪式的规定，但却通过另外的制度途径对"不完全名义"下的物权提供着法律上的支持——即用"时效取得（usucapio）"制度不断地涤清那些基于仪式的欠缺所导致的权利的缺憾与不足。

在一个"曼分帕蓄"的情形中，不问履行是如何的草率，但只要在履行中已经包括了一种"交付"或"送达"，则权利上的缺点就可以因至多两年的"时效取得"而矫正。

一个让现代人可能超乎想象的情形是：早在十二表法以前，最古罗马法上就有一条关于时效取得的明定规则，它规定：凡是曾被不间断地持有一定时期的商品即成为占有人的财产，占有的期间是极短促的——一年或二年，在一个较不发达的时代，比我们在权威著作中所读到的更不严格的条件下，占有也很可能变成所有权。

法学专家制订的这个"时效取得"，提供了一个自动的机械，通过了这个自动机械，权利的缺陷就不断得到矫正，而暂时脱离的所有权又可以在可能极短的阻碍之后重新迅速地结合起来。②

无疑，取得时效是对受让人有缺陷的所有权进行矫正的一种有效措施，但这种补救措施并不是非常充分的。因为根据取得时效制度，受让人必须在对买卖标的物持续占有 1 年或 2 年以后才能取得市民法上的所有权，而在此期间，出让人仍可以以所有者的身份将标的物追回或出卖

---

① 〔英〕梅因. 古代法〔M〕. 沈景一，译. 北京：商务印书馆，1959：159.
② 〔英〕梅因. 古代法〔M〕. 沈景一，译. 北京：商务印书馆，1959：163.

给第三人。为了保护买方这种"合理但不合法"的权利，罗马人创造了裁判官法所有权（dominium bonitarrium）。裁判官法突破了市民法所有权转移方式的形式主义要求，形成了"裁判官法所有权"。即在不明确否认出让方所有权的同时，通过赋予受让人抗辩权或诉权而使其具有事实上的所有权，从而抽空了市民法上的所有权，使其变成了"裸体所有权（nudum jus quirilum）"。①

（三）通过不断扩张简单交付的适用范围削弱仪式的影响

这表现在，一方面，罗马法把物大致的按照其价值大小区分为"要式交易物"和"非要式交易物"两种，从而首先选择较不重要的后者作为突破传统交易模式的缺口，"在这些手段中，有一个更重要，因为它更古老和普遍。把财产分为许多类别的想法，似乎是大多数早期社会中自发地产生的。有一种或一类的财产放在比较不贵重的地位上，但同时却免除了古代加在它们上面的种种拘束。"②

另一方面，面对现实生活中不断增加的新的财产类型，在简化的交易方式带来的便利的促动下，罗马法毫不犹豫地将其纳入了"非要式交易物"的范畴：

法院和法律家终于对爱好商品的移转、回复或遗传中所需要的各种令人困惑的手续程序感到不便，于是便也不愿把作为法律幼年时代特点的专门束缚加于新的各类财产之上。因此就产生了一种倾向，把这些最后发现的物件在法律学安排中列在最低的地位，只通过较简单的程序就可以移转，比较古代的让与简便了许多，不再用来作为善意的绊脚石和

---

① 林榕年，李利军. 罗马法的所有权制度及其历史沿革//载杨振山，〔意〕斯奇巴尼主编. 罗马法·中国法与民法法典化：物权和债权研究〔M〕. 北京：中国政法大学出版社，2001：149.

② 〔英〕梅因. 古代法〔M〕. 沈景一，译. 北京：商务印书馆，1959：158.

诈欺的晋身阶梯了。

"要式交易物"的目录虽是不可改变地定下来了，但"非要式交易物"的目录却在无限制地扩大。从此，人类对物质自然每一次新的征服就在"非要式交易物"上添加了一个新的项目，或在那些已经公认的项目中实行修改。①

随着社会经济的发展，要式转移物与略式转移物的划分也面临着严重的危机。一些要式转移物的重要性逐渐降低，例如牲畜，而一些略式转移物的价值却不断提高，例如外省土地和宝石等，两者的区分逐渐消失。②

当一种更加便捷的流通形式被具有无与伦比的说服力的实践所肯认时，古老而繁杂的仪式就离人们的生活越来越遥远，人们就很少看见那种呆板刻意的仪式了：

要式物和略式物的区分虽然在优帝时期的法律中还象征性地得到了保存，但实际上，作为一种对历史的回忆，到公元 4 世纪，市民法对转移方式的形式主义要求已完全失去了意义，相应的，要式转移物与略式转移物的区分也失去了意义。③

此时，"秤重和击声完全成了一种象征性的仪式而没有什么实际意义了。"④

尽管"优士丁尼时期（公元 527 - 565 年在位）的文献甚至还提及

---

① 〔英〕梅因. 古代法［M］. 沈景一，译. 商务印书馆，1959：158.
② 林榕年，李利军. 罗马法的所有权制度及其历史沿革［M］//杨振山，〔意〕斯奇巴尼主编. 罗马法·中国法与民法法典化：物权和债权研究. 北京：中国政法大学出版社，2001：152.
③ 林榕年，李利军. 罗马法的所有权制度及其历史沿革［M］//杨振山，〔意〕斯奇巴尼主编. 罗马法·中国法与民法法典化：物权和债权研究. 北京：中国政法大学出版社，2001：152.
④ 周柟. 罗马法原论［M］. 北京：商务印书馆，1994：341.

要式买卖，但所采用的形式却表明，人们甚至连这个词的含义都忘掉了……在讲希腊语的帝国东部，要式买卖大概在优士丁尼之前早就消失得无影无踪了。"①

于是，繁杂的交易过程遂变为一种日趋遥远的历史记忆。取而代之的是更为简化意义上的让渡——交付（traditio）：

让渡或者交付一般表现为手递手的给付（manu in manu datio），是一种最简单的所有权转移方式。根据罗马法，为了保障所有权的有效取得，让渡应当符合下列条件：

1. 让渡人应当是被让渡物的合法所有人或者有资格合法转让所有权的人（这表明当时还不直接允许善意取得）。

2. 让渡人与受让人具有转让和接受所有权转让的意愿，盖尤斯说："没有什么比尊重想将其物转让给另一个人的所有权人的意志更符合自然的公平。"乌尔比安进一步指出：在让渡问题上，"没有一个人会因错误而失去其物。"②

3. 存在让渡的正当原因（iusta causa traditionis），即：足以使当事人采用让渡方式转让所有权的行为合法化的原因，例如：在买卖中给付价金、设立嫁资、实行赠予等等。"单纯交付（nuda traditio）永远不会使所有权转移；若先有出卖或其它正当原因而后据此为交付，则会所有权转移。"③ 因此，"如果一个假债权人（即假装是债权人的人）接受

① 〔英〕巴里·尼古拉斯. 罗马法概论［M］. 黄风，译. 北京：法律出版社，2000：122.
② 〔意〕桑德罗·斯契巴尼. 物与物权［M］. 范怀俊，译. 北京：中国政法大学出版社，1999：53.
③ 保罗语，参见〔意〕桑德罗·斯契巴尼. 物与物权［M］. 范怀俊，译. 北京：中国政法大学出版社，1999：58.

了交付的钱，那么他是在盗窃，那些钱不能变成他的。"①

让渡的对象一般是有形物并从属于略式物或可动物，在某些情况下，不动物（即不动产）也能成为让渡的对象。② 在后古典法时期，让渡方式得到了广泛的推行。

（四）通过立法明确以交付取代仪式的地位

经过几近千年的实践，罗马法最终在帝国末期明确取消了仪式在物权移转中的运用。

虽然罗马立法者时期不敢制订法律，规定"要式交易物"中的财产权可通过简单的物件送达而立即移转，但甚至这样一个步骤，最后也为查斯丁尼安大胆地做了，在他的法律学中，"要式交易物"和"非要式交易物"之间的区别已完全消失，"交付"或"送达"成为法律所承认的最大让与。罗马法律家很早就对"交付"有显著的偏爱，这种偏爱使他们在理论中分配给"交付"一个特殊地位，使现代学生们无法看到其真正的历史。

经过以上的步骤，罗马法上的物权变动最终实现了由原始仪式向简化的交付变迁的历史转变。

（五）从简化的实践交付到观念拟制交付

从早期的繁复仪式到简单的实际交付，无疑，罗马法的制度变迁表现出了罗马人高度的制度创新精神。然而，如果我们把古典仪式的功能核心理解为一个交付——那不过就是一个复杂一些的交付，那么，罗马

---

① 乌尔比安语，参见〔意〕桑德罗·斯契巴尼. 物与物权〔M〕. 范怀俊，译. 北京：中国政法大学出版社，1999：53.

② 黄风. 罗马私法导论〔M〕. 北京：中国政法大学出版社，2003：198.

法对交付过程的简化无非让我们体会到了仪式的真正内核。上述制度演进过程中的源于交易发展的需求和推动则表明，这一变迁过程代表了历史的必然发展方向。这也是我们在其他法系的物权交易制度演进历程中所能轻易捕捉到的。在罗马法几近千年的历史长河中，物权变动模式的变迁主要表现为从契约与交付一体把握的一元主义"古典简约模式"到契约与交付分离的二元主义的复合模式的动态过程。以上分析表明，如果说古典法早期奠定了形式主义物权变动的基础，那么，随着社会的发展以及人们物权意识的提升，作为形式的仪式性规则逐渐简化，并从实体化走向"虚拟化"，加之占有脱离和占有委托等特殊领域下对真实物权人脱离占有的实际保护等，古典时代严格以标的物的占有所进行的"形式化"所有权判断规则逐渐被一种新的规则——意思主义所取代，从而开启了从古典形式主义到意思主义的物权变动制度的"松动"和变迁历程。

第四章　法国法的物权变动制度走向

一、法国法在占有脱离和占有委托领域的进化路径

——从意思主义到对抗主义

公元 6 世纪，历史上的法国进入了法兰克王国时代。法兰克王国因循日耳曼习惯法，从而使其所有权制度浸染了日耳曼法的典型性格。直到大约 15 世纪左右，法国早期古代法仍然毫无疑问地排斥动产的返还，其奉行的法律格言是："动产无追及力"（meubles ñont pas de suìte）。加洛林王朝中央王权确立初期，法兰克王国便逐渐衰退而出现了地方分权的倾向。在这一渐变的过程中，不断地吸收罗马法的要素和基督教文化，于是形成了法国的独特的法文化。在这一基础上，法兰克各部族的习惯法慢慢地脱离了其属人的性格。受罗马法复兴和公共秩序动荡的双重影响，自 15 世纪至 17 世纪，动产的返还被法律所允许。有关规则仅变为："动产无抵押权的追及力（即抵押权人无权追及持有人占有的动产）"，但所有人则可以提起要求返还之诉，于是，占有委托结构下的所有权开始逐步获得有效的法律救济。

（一）以不动产为视角的考察

对不动产而言，根据《法国民法典》确立的原则，自主占有具有重要意义。占有是区别不动产所有权的根据，即占有人被推定为所有人。但是，如果占有人不是所有人，则真正的所有人可要求返还：只要真正的所有人能够证明其权利，即可胜诉，这表明在法国民法上，不动产的所有权和占有之间的区分是相当明确的，这种明确的区分一度导致了不动产所有权的绝对的追及力，以致对交易秩序构成了巨大的冲击，犹如学者所言，使交易者迷失于追溯真正所有权的茫茫暗夜。此后，随着不动产公示制度的逐步完善，登记、公告逐步成为占有的有力的否定形式。由于不动产的最有效、最强力的公示方式为登记，因此，占有委托在这里就具体表现为虚假登记，具体又可以分为登记错误和登记委托、登记修改滞后等情况。一旦甲的不动产因为上述原因之一而在登记上表现为乙，而乙又以不动产权利人的名义将不动产处分给丙，那么，在真实权利人甲和交易第三人丙之间，优先顺位则取决于真实权利的公示程度以及对应意义上的交易第三人对真实权利的关注程度。在这种多样化公示表象较量体系下的不动产制度，基本上表现出了善意取得的制度结构，在这一意义上，我们可以说法国的不动产善意取得是比较彻底的。

（二）以动产为视角的考察

近代法国民法上的善意取得制度直接导源于《法国民法典》第2279 条第 1 款，该款规定："对于动产，自主占有具有与权利证书相等的效力。"对于该条所确立的法国动产的占有委托制度，应当从以下两个角度进行理解：

第一，《法国民法典》确立了动产占有委托的善意取得模式。

　　前已指出，绝对意思主义的物权保护思想起源于纯粹的观念所有权，法国法早期对罗马法观念所有权的继受以及罗马法复兴以来的观念所有权理念传播，都使得法国法在善意取得制度确立的轨迹上具备了绝对意思主义的物权保护起点。随后，在交易秩序安全的现实需求推动下，法国近代民法终于通过第 2279 条确立了善意取得制度。尽管该条并没有明确提出对第三人主观"善意要件"的限制，即未就自主占有的善意做出明确规定，但法国民法学说及判例均一致认为，该条文第 1 款同样要求占有人具有善意。

　　它表示，动产的自主占有可以推定为所有，在无相反证据的情况下，动产的自主占有人即动产的所有人，但这仅是一种单纯的推定，可为相反证据所推翻。

　　当以一种现代的方式解释《法国民法典》第 2279 条的规定时，应当承认，在法国民法上，有形动产的自主占有最根本的效果是确认动产所有权可为占有人直接取得，即该占有人系从对财产无转让权的非所有人手中取得动产。只要占有人的占有为善意，真正的所有人即使能够证明自己是所有人，也不能要求返还财产。只有在证明动产系遗失或被盗窃，或成功地否认了占有人的善意及其自主占有的性质的情况下，所有人方能重新恢复对动产的占有。

　　在法国现代民法上，根据对《法国民法典》第 2279 条第 1 款的解释，有形动产的占有的一项最主要也是最典型的效果是，当占有人获得出让人无支配权的动产时，如其为善意，其自主占有可使其即时获得所有权，此为动产的即时取得制度，这一制度基于交易安全的保护，在一定程度上"牺牲"了真正所有人的利益。[①]

------

　　①　分别参见尹田. 法国物权法［M］. 北京：法律出版社，1998：200，210，218.

显然，法律允许真正所有权以多样化的所有权证据表明其存在同时，说明其具有让第三人知悉的公示机能，说明其已经正式建立了现代意义上的善意取得制度。

第二，《法国民法典》所确立的善意取得制度在一定程度上尚缺乏彻底性。

在某种意义上，《法国民法典》所确立的善意取得制度还带有早期形式主义规则的清晰印迹，从而使得法国民法确认的善意取得制度距离典型的善意取得制度存在一定距离。这表现在以下几个方面：

从表述上看，《法国民法典》第2279条规定："对于动产，自主占有具有与权利证书相等的效力。"这里，不仅立法没有明确"善意"本身，从而使得法国民法上的善意取得制度某种程度上沦为理论和司法上的创造，并且从直观的条文表述来看，其字面含义基本上是日耳曼"手护手"原则的翻版，以至于有学者认为该条规定"开启了法国民法向日耳曼 Gewere 制度回归的大门"①。有学者也指出：

长期以来，法国法院的许多判例均认定，《法国民法典》第2279条第1款的规定包括了一项证明规则，它确认动产的占有人具有一项推定的权利证书，亦即仅其占有动产这一事实，就足以被认为是取得了该动产的所有权。他无须证明原所有人与其本人之间法律行为的存在（即实际持有财产这一事实便可证明这一行为的存在），也无须证明这一法律行为的性质（即根据该自主占有，便可推定这一法律行为是转移所有权的行为）。②

由于所谓的"权利证书"指的是有关物权变动的书面合同，即载

---

① 〔日〕川岛武宜. 注释民法：7，有斐阁，1979：84 – 85；转引自孙鹏. 物权公示论［M］. 北京：法律出版社，2004：333.

② 尹田. 法国物权法［M］. 北京：法律出版社，1998：219.

明物权变动的合同，因此，"自主占有等于权利证书"意味着，自主占有就视同于双方当事人之间的基于法律行为的物权变动，按照这样的逻辑，法国法上的动产不存在无权处分，而善意取得理论解释上的即时性理解似乎也印证了这一点。

（三）《法国民法典》关于善意取得的制度解释

众所周知，较之德国民法典，《法国民法典》更具有通俗化、平民化色彩。相对理论形式上的完美，法国民法似乎对法律关注的终极目的实现更加情有独钟。这在某种程度上也导致了法国法更倾向于实践公证，而相对较少地关注概念理论解释。

在善意取得制度上，尽管这一制度在法国民法上已经基本确立，但有关善意取得的制度定位和制度解释却表现得比较暧昧。首先，从制度定位上看，《法国民法典》2271－2281条在时效期间的"若干特别时效"中规定了善意取得制度。其次，在解释上，法国学者也通常从时效取得的角度解释善意取得的制度原理，考虑到时效制度的根本出发点就在于一段时间的经过，而善意取得的时间经过为零，这显然已经不再符合时效制度的基本要件。

二、法国法在合同领域的进化路径： 从意思主义到对抗主义

（一）中世纪后期法国物权变动模式的意思主义倾向

罗马法的复兴使得罗马法已经成为法国的重要法律思想渊源，对于

（法国）大革命时代的人们来说，（古）罗马（的立法）乃是"最高参照"。① 而罗马法中的交付已经变得十分观念化，继受罗马法的法国古代法也因此认可种种拟制交付的习惯。尤其书面的交付与占有改定之交付形式被广泛采用，不仅如此，在契约的公证证书中附加上拟制交付条款的方法，作为法国习惯做法于 16、17 世纪左右慢慢地变得一般化。同时，作为拟制交付的一种，交付条款本身能产生与现实的占有移转一样的效力，从而在二重让与中，交付条款本身能产生与现实的占有移转一样的效力，当第一买受人受拟制的交付而第二买受人受现实的交付时，先受拟制交付者优先。很显然，这与仅仅经由意思表示即承认所有权转移的意思主义相距不远。

古典自然法学派的核心代表格劳秀斯和普芬道夫在所有权观念化上的理论创造，直接影响了法国物权观念的变迁历程。古典自然法理论认为，所有权是与作为客体的占有完全相区别的观念性存在，按照自然法，仅仅依凭当事人的意思即能使所有权发生移转。格劳秀斯和普芬道夫从自然法理念出发，对罗马法的交付主义进行了激烈批判。坚持作为纯粹观念性的所有权无须履行有形的交付行为，只要有单纯的合意这一观念形态即可发生转移。1793 年，法国颁布了第一部民法典草案，按照冈巴塞雷斯的说法，这一草案"建筑在'自然之法律'（les lois de la nature）的坚实土地与共和国的处女地之上"。这样的精神，事实上一致笼罩着整个立法过程。②

法国大革命期间的法国高扬人的尊严和个人意志，认为人的意思负载着个人尊严，个人意思应受绝对尊重，否则人类的尊严和价值便无从

① 罗贝尔·巴丹戴尔. 最伟大的财产［M］. 法国民法典（序言），罗结珍，译. 北京：法律出版社，2004：4.
② 罗贝尔·巴丹戴尔. 最伟大的财产［M］. 法国民法典（序言），罗结珍，译. 北京：法律出版社，2004.

体现。与此相应的是物权实现了彻底的观念化，而物权的彻底的观念化使物权变动纯然受意思的支配成为可能，物权变动意思主义原则的确立才因此有了观念基础。民法典的起草者们对意思主义的确立向他们那个时代作了至上的奉献，是意思主义是对民法典起草者们的人文关怀精神最深刻的表达，同时也反映出革命时代法兰西民族的精神特色。

（二）对抗主义的萌芽

如上所述，虽然随着意思主义模式的不断确立，交易中的意思要素获得了扩张，但与此相应的公示方法并未得到同步的发展，在此种情况下，缺乏客观表象公示的物权极易导致纠纷的产生。例如，13世纪以来的秘密无公示抵押权即其例证，这种抵押权效力强大，但由于缺乏公示要件而极易对第三人造成不测。因此，意思主义模式由于物权及其变动的不可知性以及由此带来的秩序上的混乱，必然面临着制度的改革与完善。为了保障物权变动秩序的安全，从意思主义出发，法国物权法开始探索物权变动的更为合理的模式，最终通过一个有效的公示制度体系的建立，实现了物权变动的内部和外部之间的秩序和谐。法国法上特别完备的公示制度的最终形成，曾有过一个漫长的历史发展过程，其中甚至出现过某些曲折和反复。①

法国法上的公示制度完成，首先起源于抵押权，"在大陆法发展的历史长河中，不动产公示的历史系于抵押权的历史。"② 如果考虑到不

---

① 尹田．法国不动产公示制度概述．民事责任与民法典体系 ［M］．北京：法律出版社，2002：42.
② 公示制度经由抵押权公示制度的完善最终得以建立，对此，尹田教授指出，"在法国，不动产公示与抵押权制度的关系甚至可以通过有关机关的名称而予以证明：至今，法国不动产公示的行政机关一直保留了'抵押登记机关'的称呼。"参见尹田．法国不动产公示制度概述 ［M］//民事责任与民法典体系．北京：法律出版社，2002：40.

动产由于其使用上的原因，因而在不动产上，所有权以及以所有权为基础的使用性权利至少由于其占有性而通常可以自然地表现出一定程度上的公示，尽管这种公示也并不是那么完善，然而对于作为一种不移转占有的担保，在缺乏登记等人为公示方式的情况下，抵押权则始终是一种潜伏在黑暗中的权利，为保证其功能的实现，抵押权"本能"地"呼唤"公示以使之对抗第三人。

法国学者莱维（J. Ph. levy）在其《物的担保之历史概述》一文中指出：历史表明，抵押权导致了不动产物权的设立和变动的公示制度。希腊化时代的埃及和古希腊的一些城邦即知晓这一制度，其初始时很粗略，表现为所为"Les horoi"（设置于土地上的界石或雕刻于房屋墙上的告示），而古罗马法人则完全不知道不动产公告制度，抵押制度极不完备。这不断推动着意思意义的理性论证。[①]

首先是南特地区，土地抵押习惯逐渐采用了登记形式，但关于登记的意义，学说认识并不一致，早期理论倾向于认为抵押权的设立如果未记入账簿，即便在当事人之间也不产生让与的法律效果，或仅在当事人之间产生债权效力，但随后的解释则倾向于认为，登记乃物权变动的对抗要件，未履行登记的受让人，未必绝对地不具有物权的效果。[②]

（三）对抗主义在法国近代法上的形成

1. 法国大革命初期雾月法律明确确立了对抗主义物权变动模式

直到 1793 年法国大革命后，法兰西共和国初步建立了对一切抵押权的公示制度，以保护抵押借贷关系设立。尤其是法兰西共和国雾月11 日颁布的法律，首次建立了几近完善的不动产制度以保护抵押权人。

---

① 尹田. 法国不动产公示制度概述［M］//民事责任与民法典体系. 北京：法律出版社，2002：42.

② 参见肖厚国. 物权变动研究［M］. 北京：法律出版社，2002：75.

每一行政区都设立了抵押登记机关，分别建立了适用于抵押权和优先权的登记簿和适用于其他不动产物权的设定与移转行为的登记簿。根据这一时期的法律，前述权利的设定及转让如不具备公示形式，将导致其不得对抗第三人的法律效果。但这一完善的制度在法国现代社会重新出现之前，仅存续了极短的时间。

2. 《法国民法典》在物权变动模式上的意思主义倒退

毫无疑问，《法国民法典》的制订深受法国人革命时期立法的影响，但恰恰在不动产登记制度上，《法国民法典》的有关规定因其"标志着一种深刻的历史倒退"而令后世学者深感遗憾；如同对于其他领域的财产，《法国民法典》编撰者在法国古代法关于不动产物权设定与转让可采用"秘密状态"的做法和法兰西共和国七年颁布的法律对之所设定的整体登记制度之间进行了折中。该法典仅规定了协议（意定）抵押权的公示，而已婚妇女及被监护人的法定抵押权及更为重要的不动产所有权有偿转让行为，则仍可不经登记，而是在当事人之间秘密进行。

3. 法国后民法典时代对抗主义模式的最终确立

必须注意的是，法国近现代以来的经由公示制度补充起来的物权变动模式，并非仅仅表现在其民法典上，换言之，必须明确的是，民法典并非法国物权变动模式的唯一的制度渊源。相反，法国法经由公示制度的不断进步而创立和完善起来的物权变动制度很大程度体现在民法典之外的相关公示法令中。与大革命初期的公示制度相呼应，重新起用更为严密的公示制度的任务是由法国于 1855 年 3 月 23 日颁布的法律完成的。这一法律意图保护抵押贷款，尤其是保护建立于 1852 年的土地信贷银行的利益，以使其能就不动产的投资提供协助。该法律重新确定了登记制度，规定了不动产物权不经公示即无对抗力的法则，并较之前述雾月法律扩大了其适用范围。它要求一切设定物权的行为均须公示，无论是否可设定抵押权，甚至于一些债权（尤其是租赁期限为 18 年至 99 年的长期租赁合同）也须公示。该法律的立法者认为，所有这些权利的设定都要对不动产的价值发生影响，故抵押权人对之应当知晓，否则利益将难以得到保证。①

（四）现代法国法上的对抗主义物权变动模式结构

如上所述，在日耳曼法、罗马法、教会法、自然法思想以及近代自由精神的合力作用下，法国法在物权变动模式的制度演进上，经历了漫长的日耳曼法时代的形式性物权变动模式起点以及形式性模式的克服与意思主义模式的彷徨时代，最终，20 世纪以来，法国现代民法建立起了科学完备的公示对抗主义物权变动模式体系，其制度设计上的合理性以及浓厚的实践关注气息所赋予的强大的制度生命力，使其成为大陆法系物权变动制度中的一颗耀眼的明星。然而对于法国法的对抗主义模式，我们目前的了解还远不充分，较之对法国经由法典到具体法令乃至司法判例精神所建立起来的制度体系的透彻理解，我们所具有的似乎更多的是理解上的偏差甚至误解，因此，对于法国现代法上的对抗主义物权变动制度，应当给予更多的关注。

---

① 尹田．法国不动产公示制度概述［M］//民事责任与民法典体系．北京：法律出版社，2002：42.

第五章　普通法物权变动制度演进主线：
从意思主义到对抗主义

与大陆成文法系所呈现出来的制度路径不同，普通法在物权变动制度领域也显示出巨大的差异。在共同或相似的古典形式性物权变动制度传统下，普通法较早地实现了物权变动的意思主义化改革，并以此为基础，向更具折中性的对抗主义立场变迁，最终形成了内容丰富、颇具实用性的对抗主义制度体系。普通法世界无论早期的意思主义发展趋势，还是后来对抗主义与形式主义"兵分两路"的发展轨迹，无疑都对我们在更广阔的视野下比较物权变动制度的发展演进规律具有重要的参考和借鉴意义。

一、普通法领域在占有委托领域的演进路向

善意取得制度作为物权法乃至民法上的核心制度，其在普通法的财产法中也是一项极富特色的制度。与前文的分析路径相同，对普通法物权变动制度演进的考察，也分为作为后物权变动领域的占有委托（占有脱离）项下的反向物权变动以及作为前物权变动领域的合同交易项下的正向物权变动两条不同的线索进行观察。

（一）普通法后物权变动制度的起点：早期的日耳曼模式

"普通法是在英格兰被诺曼人征服后的几个世纪里，英格兰政府逐步走向中央集权和特殊化的进程中，行政权力全面胜利的一种副产品。"① 因此，无论在早期的盎格鲁撒克逊法还是随后的诺曼底法中，我们都可以感受到日耳曼法的浓厚气息。在这样的氛围下，英国财产法中最突出的特点是缺乏罗马法中的所有权观念而强调占有，占有是当时的主流观念，一切争议都是围绕占有展开的，这与后来普通法的产权制度中的观念非常相近。② 这种情况甚至一直持续到了 18 世纪晚期。这表明，在占有委托的物权保护制度演进脉络上，普通法具有和其他法制大致相同的前提基础。

（二）普通法中期的自有化模式：普通法形成视野下的观念物权及其追及制度的形成

1066 年的诺曼征服，结束了英格兰历史上近六百年之久的盎格鲁—撒克逊时期，开始了诺曼王朝的统治，无论从通史还是专业史的角度看，诺曼征服对英国的影响都是巨大的，③ 它"改变了英国历史的发展方向，因此也当然改变了英国法律史的方向"，就像梅兰特所说的，"诺曼征服是一场灾难，它决定了英国法未来的全部历史"。④ 如上所

---

① 〔英〕S. F. C. 密尔松. 普通法的历史基础 [M]. 北京：中国大百科全书出版社，1999：3.

② See Pollock F. Maitland F W. The History of Englishi Law before the time of Edward I [M]. Cambridge：Cambridge University Press，1968：57.

③ 李红海. 普通法的历史解读——从梅兰特开始 [M]. 北京：清华大学出版社，2003：62.

④ See Pollock F. Maitland F W. The History of Englishi Law before the time of Edward I [M]. Cambridge：Cambridge University Press，1968：79.

述，单从法律史的角度来看，1066 年之前英格兰和西欧大陆上的状况基本上是相似的，都处于日耳曼法的控制之下，但这之后，后者陷入了罗马法复兴的洪流之中，而前者却得以安然度过险滩。后文关于罗马法形式主义的阐述恰好说明，普通法正是由于成功地摆脱了罗马法的形式性直接影响，从而避免了物权法制现代过程中的曲折。

爱德华一世时期，汲纳并整合了制定法、国王的敕令、地方习惯乃至日耳曼法、罗马法、教会法的养分，但却又区别于上述法律的独立的普通法终于形成，这就是英国的普通法，与罗马法相对的普通法。普通法的形成避免了罗马法在英国的胜利。不仅如此，自亨利二世开始的英国法的统一化和集权化运动，使英国法的发展在后来的一段时间内领先于西欧的其他主要国家，成为梅兰特所谓的"英国法的（相对于欧洲大陆主要国家法国和德国的）早熟"时期。①

（三） 普通法上现代善意取得制度的确立

随着交易的发展，这些立法原则及判例严重影响了民事流转，对于保护善意第三人的利益极为不利，时代呼唤着新的立法，正如英国丹宁勋爵所说的："在我们的法律发展的过程中，有两个原则都在争取主导地位，第一个是保护财产所有权，任何人都不能转让他所没有的东西；第二个是保护商业交易，善意有偿且不知情而取得货物的人应当取得货物的所有权。第一个原则长期以来处于支配地位，但为了满足我们时代的需要，它受到了普通法本身和现代立法的修改。"②

经过修正，英国 1936 年《货物买卖法》规定了一些原则，初步奠定了善意取得的制度地位，具体表现为：

---

① See Pollock F. Maitland F W. The History of Englishi Law before the time of Edward Ⅰ [M]. Cambridge：Cambridge University Press，1968：224.

② 王丽. 善意取得制度比较研究 [J]. 法论，1996 (3).

1. 《货物买卖法》第 21（1）条规定："货物买卖中，如果卖方不是货物的所有人、也未得到所有人的授权或同意而销售货物时，买方所取得的权利不能超过卖方原来所拥有的权利；除非所有人通过其行为表明他不否认卖方有出售该货物的权利。"

2. "在公开市场上出售的货物，按照市场惯例，如果买方是出于诚信而购买，并不知卖方对货物的权利存在瑕疵，他就可以取得货物完好的所有权。"

3. 如果一个买主在某公开市场的正常营业时间内出于诚信而购买了货物，并不知情卖方对货物的权利存在瑕疵，根据《货物买卖法》第 22（1）条，除非交易是在日出至日落之间进行的，否则他不能取得完好的所有权。

4. 《货物买卖法》第 24 条规定："如果卖方将货物出售后继续占有货物或虽然出售时尚未占有货物，但之后实现了对货物的占有，并在占有期间为出售等目的将货物交付或移转给买方以外的第三人，只要该第三人是善意的，并不知情前一交易行为，卖方的交付或移转占有，就视同他得到了真正货主的明示授权。"

上述规定表明，普通法经过对早期形式主义规则的修正，基本建立了比较完善的善意取得制度，显然，这里的善意取得是以物权公示的多样化为基础的。值得指出的是，普通法在表象多样化，或者说在多样化表象的解释和认定上采取了高度灵活开放的姿态。

（四）美国法上的简单考察

作为普通法的一个分支，对美国法的考察虽然不存在历史问题，但有关美国法在这一问题上的进展恰好给我们提供了一个相对集中的制度确立图景，即"任何人都不能转让比他自己所拥有的权利更多的权利"

这是一个为英国和美国的法院所一再重申的原则在美国的突破。假设 O 将其钻石交给了 J，并告诉他将其与 J 的钻石一起展示并寻求买主。J 是一个珠宝商，他在没有征得 O 的授权的情况下将钻石卖给了 P，P 合理的相信 J 有权出售钻石。J 潜逃了。法院可能会判定 O 由于其行为而不能对 P 主张所有权。① 对普通法包括美国法的考察表明，在作为后物权变动结构的占有委托领域，普通法较为平和地实现了从古典形式主义到近代意思主义然后再到对抗主义的制度进化。

二、普通法领域在合同领域的演进路向

（一）普通法中世纪以来基于合同的物权变动模式演进路径

受制于普通法的风格，对普通法物权观念演进的考察，在一定意义上必须借助令状制度为线索来进行。众所周知，大陆法系早在罗马法时期就产生了"对世物权"和"对人债权"的区分，这种区分直接导致了将所有的合同请求权都囊括为债权的"债权观"。而与此不同的是，普通法在较早的时候就开始根据合同标的是否具有特定性而将指向特定物的合同请求权和指向货币的合同请求权区分开来。在普通法上，"欠债（debt）意味着一种债，但它只限于有关金钱的债。"② 相反，购买人针对出卖人的请求实际履行的诉讼表现在令状上"一定是'请求返还被非法占有的购买物的清偿债务之诉'，（或者在标的物特定的时候

---

① 见赞德曼 v. 哈里温斯顿公司，305n. y. 180，111N. E. 2d 871（1953）.
② 〔英〕S. F. C. 密尔松. 普通法的历史基础 [M]. 北京：中国大百科全书出版社，1999：290.

表现为）'请求返还被非法占有的购买物的诉讼'。"① 这样，与罗马法上以大债权观为背景的对人权和对世权的区分以及由此而直接导致的绝对物权观不同，普通法以合同请求权标的特定与否所做出的物权与债权的区分，已经蕴涵了现代相对物权观的最初萌芽。以令状制度为线索的考察表明，在普通法上，特定货物的所有权可以在未实际交付的情况下即时转移。而有关这一原则的形成时间，英国学者密尔松指出："一位头脑简单的历史学家企图通过逐案审查的方式来发现这个规则的来源，但他注定不可能获得成功……这种所有权移转的思想可能是在 15 世纪末形成的。"② 在此之后，合同移转物权的思想得到了更为广泛的传播，"当事人均欲使财产发生移转时，所确定货物的财产就从卖主手中流转到买主手中了。"③ 而"登记则并不构成买受人财产权利的基础。"④

普通法上经由合同而转移物权的思想，在不动产上具有自身的特殊性，普通法要求不动产的转让在合同之外还必须缴付契据。按照普通法的物权变动规则，一项不动产的转让通常可以分为两个阶段，第一阶段，是审查不动产所有权的状况是否具有可交易性，然后签订合同；第二阶段是合同交割，即买方付款，卖方交付土地转让证书。按照普通法，不动产交易的一个基本原则是：不动产的所有权（或称为完全所有权）只有在不动产转让书（Deed）交付（而不是登记）之后才转让。普通法所有权以契据之作成与交付为普通法所有权转移之标志，这一点颇似近代形式主义模式之要求交付和登记。尤其是按照早期的契据规

---

① 〔英〕S. F. C. 密尔松 . 普通法的历史基础［M］. 北京：中国大百科全书出版社，1999：290.

② 〔英〕S. F. C. 密尔松 . 普通法的历史基础［M］. 北京：中国大百科全书出版社，1999：164.

③ 〔英〕F. H. 劳森 B. 拉登 . 财产法：第二版［M］. 北京：中国大百科全书出版社，1998：65.

④ 〔美〕彼德·哈伊 . 美国法律概论［M］. 北京：北京大学出版社，1997：88.

则，"一份不动产转让书只有在该转让书交付给受让人时才有效。原始的交付要求转让人实际或亲手将转让书交给受让人。"①

1. 降低契据交付的刚性原则

"原始的交付要求转让人实际或亲手将转让书交给受让人。这个要求在今天已经不很重要了。交付的实质性问题是转让人的意愿。所以，即便不动产转让书留在转让人手里，但是只要有证据表明转让人有交付的意图，该转让书可视为已交付。反之，即便不动产转让书交付给受让人，如交付给受让人验看但并没有当时交付的意图，该不动产转让书亦不能视为被交付。因此是否被交付得依具体情况而定。在转让人的交付意愿非常清楚的情况下，是否实际亲手交转并不重要。因为交付的核心是转让人的意愿，转让书本身并不说明这一点。转让人是否有交付的意图，不能依转让书自身来决定，而是依客观证据来定。"② 在一个典型的案件中，法官的判决指出：亲手交付不动产转让书不是必不可少的，它只不过是交付行为的证据。在所有的案子中，决定交付问题的关键因素是转让人的意愿。对于这一类的案件，法院很强烈地倾向于转让人的意愿。

2. 通过衡平法规则深入调整

如果说对契据交付规则的淡化和灵活化处理，仍然由于附着特定的条件而表现出不稳定性，那么，普通法物权变动中的上述矛盾最终经由衡平法实现了彻底的改变。衡平法在有关财产权上分为两个领域：一个是关于所有的信托，另一个是关于未来交割的买卖合同。所谓未交割合同指的是买卖双方在签订财产（主要是土地）转让合同之后，买方还没有付清合同款，财产转让书（如土地）还在卖方手里。在这种情况

---

① 李进之等. 美国财产法 [M]. 北京：法律出版社，1999：170.
② 李进之等. 美国财产法 [M]. 北京：法律出版社，1999：171.

下，财产的所有权在法律上还是在卖方手里。衡平法确立了一项"衡平法上的转移"或称"公平转移"的规则。衡平法的一项著名的原则是"衡平（公平）乃应当所为为实际所为"（equity regards as done that which ought to be done），也有学者称之为"衡平法把应做之事看成是已做之事"①。根据这一原则，在合同尚未交割之前，买方是应当获得财产所有权的。所以，尽管在法律上所有权仍在卖方，但从公平的原则出发，所有权应当归买方。

衡平所有权理论的基础是，既然每一方都享有要求特别履行即强制履行的权利，换言之，合同是应当被履行的，因此，所有权就应当归属于"交割后拥有所有权"的那一方。衡平法认为买方是交割后拥有所有权的一方，从公平原则出发，就应当是财产的所有者。而卖方虽然持有法律上的所有权，但是他握有不动产的所有权只是为了保证买方交付合同项下的全部价款，这种所有权实质上仅相当于一种信托权，故实质上，卖方对作为买卖标的的不动产只有一种价格上的担保权益。

（二）普通法意思主义物权变动模式的局限及其克服

以上对普通法早期物权变动规则演进情形的考察表明，与大陆法不同的是，普通法较早地实现了对交付和登记之外的合同的物权属性的揭示，毫无疑问，这为普通法上的物权及其变动规则的科学化演进奠定了良好的基础。但普通法过分关注和重视合同意志的物权属性的认识同时也隐含了一定的危机：由于当事人的意思对于物权的归属和转让扮演着至关重要的角色，以至于普通法由此引申出一条重要的物权的原则："在所有人将其权益转让给第一个受让人之后，他就没有任何东西可以

---

① 何宝玉. 英国信托法学理与判例［M］. 北京：法律出版社，2000：11.

转让给其他人了。"① 这样，在物权变动模式所关心的问题——即源自同一受让人的不动产权益连续受让人（successive transferees）的关联性权利的优先判断规则上，普通法一直因循"先占先得（first in time, first in right）"，并且，只要在衡平法上也是公平的，那么，该原则同样适用于衡平法院处理请求优先权的问题。从本质上看，普通法在继早期的简约的形式化的物权变动模式之后向前进化，在物权变动规则的设置上把对当事人主观意志的重视推到了极致——他完全按照当事人的意思脉络去确定物权的存在及其流转。对于这种极端推崇当事人意思的物权变动规则，我们不妨称之为"意思主义"模式。

从意思主义模式的运行效率角度来看，显然，这种源于强烈的合同物权意志的物权变动观念，在处理不动产物权变动模式典型情况——不动产权益连续受让人问题上，普通法规则隐含着一定的麻烦。对于有着注重实践经验的优秀的传统的普通法来说，他们很快就发现了问题的存在。为了降低和克服这种潜藏无形的物权对交易可能带来的损害，使得物权的交易能够相对明确，普通法开始采取一些措施，对意思主义规则的缺陷进行弥补，如在不动产交易中，"潜在的不动产权益购买人可以查阅登记档案资料，以确定出售人是否确实拥有该不动产，以及该产权是否设有负担。""审慎的不动产购买人都会调查出售人的产权状况，以确定该不动产是否可以转让。通常由律师或产权说明人（abstractor）承担调查工作，并保证其准确性。此后，如发现存在产权瑕疵，购买人可以根据保证合同得到赔偿。"②

与德国法系善意取得制度中对善意的纯粹"主观化"的界定不同，

---

① 〔美〕罗杰·H. 伯恩哈特，安·M. 伯克哈特. 不动产：第4版［M］. 钟书峰，译. 北京：法律出版社，2005：258.
② 〔美〕罗杰·H. 伯恩哈特，安·M. 伯克哈特. 不动产：第4版［M］. 钟书峰，译. 北京：法律出版社，2005：288.

普通法规定，为了达到主观上的这种善意的标准，当事人必须对在先权利所表现出来的表象在客观上做出相应的调查。在登记领域，后来者的这种义务被称为"登记知悉"。按照普通法，"在后的请求权人负有知悉产权链中所有已登记的文件的义务，所以，任何试图获得不动产权益的人，首先必须查阅登记档案，以判断是否存在优先权。"按照登记知悉规则的要求，在先的登记所表现出来的一切权利，甚至可能是一些比较隐含的权利，都在后来者的调查范围内。甚至"除了有缺陷的文件外，调查已登记文件是否合法有效，是调查知悉义务规则所规定的内容之一"①。

通过对普通法上物权公示规则的考察，我们发现，在没有"公示公信"原则的英美法系财产法中，其不仅存在着完善的善意取得人（Bona Fide Purchaser）的规定②，并且其对"善意"的界定表现出了较之于德国法上的善意规则更为值得关注的优越性。按照普通法所确立的公示规则，登记是最有效的公示方式，因此，对产权进行登记自然就成为当事人乐于选择的首要的公示手段。"这个原则被房地产生意中的人们广泛接受。大家都自觉自愿地去登记，所以关于登记本身很少有官司可打。"其次，占有也是一种很有效的方式。在占有之外，其他的一些公示方式也在其公示范围之内具有相应的公示效力，这就保障了公示规则的科学性和合理性。

---

① 〔美〕罗杰·H. 伯恩哈特，安·M. 伯克哈特. 不动产：第 4 版（美国法精要丛书），钟书峰，译. 北京：法律出版社，2005：272.

② 普通法上的善意规则必须具备四个要素：第一，后来的买受者；第二，支付了价款；第三，不知情；第四，出于良好的愿望。参见李进之等. 美国财产法［M］. 北京：法律出版社，1999：181.

（三）普通法的精神表达及其作为物权变动理论演进思想的价值：以经验主义为中心

F. H. Lawson 曾指出："财产法不仅是我们法律中最好的一部分，而且它的主要原则和结构都优越于所有的有关这个领域的外国法律。"①普通法作为一个与大陆法尤其是德国法有着迥然相异的制度性格的独立法域，其在财产法领域的杰出表现值得深受德国影响的国家的借鉴和比较。以上对法德两国制度演进路径的考察表明，作为法哲学的方法在法律的形成和演变中起着相当大的作用，为此，在对普通法进行具体的考察之前，让我们先对普通法的精神做一个简单的了解。

与成文法根据理性主义的精神，用演绎法和分类法追求各种观念和逻辑原则的传统不同，普通法渊源于中世纪朴素的日耳曼精神，缠结于对英国经验主义的信仰之中。②在认识论上，经验主义推崇经验是唯一可靠的认识方法③，普通法不是逻辑推理的产品，而是共同经验的反映，是对已然事实的经验总结，是集体经验积累的仓库，是人们关于法律关系的共同语言的辞典。④美国的霍姆斯（O. W. Holmes）则认为："法律的生命是经验，而不是逻辑。"⑤经验主义的法律观所引出的一个结论是：抽象、普遍的法律原则，出现于具体个别的法律事实之后，因而判例法是对已然的经验总结。

---

① 〔德〕茨威格特，克茨. 比较法总论，潘汉典，等译. 贵阳：贵州人民出版社，1992：356.
② 郭成伟主编. 外国法系精神［M］. 北京：中国政法大学，2001：37.
③ 唯物主义经验在英国得到了系统的发挥，它首先由弗朗西斯·培根创立，霍布斯时得到系统化，至洛克则得到详细论证，成为经验主义的集大成者。
④ G. J. Postena. some Roots of Our Nation of precedent, in Precedent in Law ［M］. L Goldstein：Clarendon Press，1987：20.
⑤ 转引自信春鹰. 当代西方法哲学的认识论和方法论［J］. 外目法译评，1995（2）.

在近代理性主义统治欧洲大陆的同时，英国人则坚守他们的经验主义。英国人是重视现实的民族，经验主义导致了一种法来自经验，长期判例积累，形成了普通法是"永恒法"的思想倾向。在经验主义那里，对未来做出理性安排的法典编纂，是普通法系法学家所不能接受的。曾激烈反对菲尔德法典编纂计划的卡特指出："科学仅仅是对事实的整理和分类，具体案件的实际判决就是事实，它们只有在进入存在后才能被观察和分类，例如在判决作出后这样做。因此要求法律科学为未来制定法律规则，在逻辑上是不可能的：换言之，法学家或法典编纂者不能对未知世界的人类行为进行分类并继而就它们制定法律，正如博物学家不能对未知世界的动植物进行分类一样。"①

三、普通法物权变动规则演进的政治哲学背景

"如果说普通法是秩序的根基，那么，它也是自由的根基。"② 并且，普通法法治建立在"消极自由"的基础之上，无论是对于霍布斯还是对于洛克，自由总是意味着免受强制而非积极自主，即不受阻碍地根据自己的意愿做某事③，或者不受他人的束缚和强暴。④ 《大宪章》正是对以权利形式出现的消极自由的界线的日趋清晰的划定。对于消极自由领域的保留，不仅意味着权利的先在性，更意味着对于权力易于摧

---

① 转引自徐国栋. 民法基本原则解释——成文法局限性之克服［M］. 北京：中国政法大学出版社，1992：208.

② Russel Kirk, The Roots of American Order. La Salle. Illionis：Open Court，1974：190.

③ Thomas Hobbes，leviathan，Richard Tuck［M］. Cambridge：Cambridge University Press，1996：146.

④ Locke，Two Treatises of Government. Peter Lasslett［M］. Cambridge：Cambridge University Press，1988：306.

毁自由的危险,① 即自由与秩序之间的紧张的清醒认识。② 在个人与国家二元对立的政治结构中,普通法法治以消极自由——即免受强制、不受阻碍地根据自己的意愿行事为基石,突出权利的个体意识并张扬个人主义的主体性自由。

普通法法治"起源于对于政治权力的安排"的进路,使得限权意识与有限政府的观念由此得以扎根于普通法的法治传统之中,从而为市民社会的形成提供了良好的基础。普通法从来都没有试图采用合乎逻辑的、封闭的制度体系去应对社会生活,这一方法论有效地保障了其制度设计始终贴近生活、反映生活。在物权变动模式上,普通法关于物权变动模式的变迁在基于合同的物权变动领域表现出了更符合前文所预设的物权变动模式演进的理性脉络,即首先较早地实现了物权的观念化以及相应的物权变动的意思主义,随后在意思主义的基础上迅速展开了理性的公示制度的建立和完善。中世纪时期的普通法认为,"当事人均欲使财产发生移转时,所确定货物的财产就从卖主手中流转到买主手中了"③。而"在所有人将其权益转让给第一个受让人之后,他就没有任何东西可以转让给其他人了"④。"任何人不得转让超过自己权利之权利","河流永远不会高于它的源头"。⑤ 所以,在源自同一受让人的不动产权益连续受让人 (successive transferees) 之间,"时间优先,权利优先原则 (first in time, first in right)" 就成为普通法的基本立场。

① 〔英〕哈耶克. 自由秩序原理:上 [M]. 邓正来,译. 北京:生活·读书·新知三联书店,1997:217.

② 劳东燕. 自由的危机:德国法治国的内在机理与运作逻辑——兼论与普通法法治的差异 [J]. 北大法律评论,2005 (6):541.

③ 〔英〕F. H. 劳森 B. 拉登. 财产法:第二版 [M]. 北京:中国大百科全书出版社,1998:65.

④ 〔美〕罗杰·H. 伯恩哈特,M. 伯克哈特. 不动产:第4版 [M]. 钟书峰,译. 北京:法律出版社,2005:258.

⑤ See, Barthelmess V. Cavalier. z Cal. App. Zd [M]. 1934:477–490.

第六章 普通法物权变动制度演进支线：形式主义路向

一、托伦斯登记制度产生的历史背景

托伦斯登记制度虽本质上与大陆德国法系之形式主义模式下的不动产登记体制颇为类似，但其诞生于英美普通法系，且至今盛行于英联邦诸国。如果从两大法系——尤其其核心者（大陆法系以德国为代表，普通法系以美国为代表）之物权变动制度对比来看，主要表现为形式主义模式与对抗主义模式之映照，那么，对于普通法系的另一支——英联邦国家的孕育而成的托伦斯登记就不能不说是一种奇特的制度现象。

从制度本质上来看，托伦斯登记属于形式主义物权变动模式的范畴。显然，在以自由主义和市场价值哲学为导向的普通法领域，兀然"杀出"这么一个刚性十足的制度设计，可谓"传奇"色彩十足，那么，托伦斯制度究竟是如何产生的？又经历了怎样的风雨兴衰？对大陆法系有何启示？

（一）英国传统土地权利制度的结构复杂性

从逻辑上看，土地权利主要分为所有权和建立在所有权基础上的用益和担保物权，尤其在罗马法以降的德国法中，这种权利关系清晰可鉴。然而在英国普通法中，土地上的权利关系却呈现出较之大陆德国法系难以想象的复杂结构。"土地法是英美法中最困难的、最复杂的领域，人们常常用'魔术般神秘''不可思议的杂乱'来形容英国土地法。"① 这种土地关系的复杂格局对近代以来英国土地登记制度改革产生了深远的影响。英国传统土地制度的形成与其特定的社会历史结构之间存在深刻的关系。1066 年诺曼入侵英国之后建立起统一的中央集权制度，在英国首次实现了国家和法的统一②，也由此开启了英国土地制度的序幕。威廉征服英格兰之后便宣布英格兰的土地归国王所有，通过"末日审判"将土地收归国王。为加强王权统治，欧洲大陆的诺曼土地保有制被征服者全面移植过来。在以封地为基础的社会结构中，封建制度不仅是一种国家制度，更是一种土地财产权制度——它构成了整个普通法的基石，"普通法实质上是封建地产法"③。诺曼征服以来的国家行政结构奠定了土地制度的基本观念，这种观念——全部土地所有权都直接或间接源于王权——已经深深地植入了英格兰人的意识中，"甚至英国现代土地法仍坚信英国全部土地皆归国王所有，公民只能拥有某一特定土地的有限权利"④。

---

① 陈永强. 英美法上的交易自治与交易安全［M］. 北京：法律出版社，2009：33.
② L. B. Curzon. English Legal History［M］. Macdonald & Evans Ltd, 1979：16.
③ 〔英〕R. C. 范，卡内冈. 英国普通法的诞生［M］. 李红海，译. 北京：中国政法大学出版社，2003：124.
④ 〔德〕K. 茨威格特，H. 克茨. 比较法总论［M］. 潘汉典，等译. 贵阳：贵州人民出版社，1992：335 - 336.

（二）英国传统土地转让制度的复杂性

前文对英国土地权利制度的考察是静态意义上的。而从动态的角度来看，买卖、抵押、继承、赠与等的存在使得作为财富重心的土地权利必然处在变动过程中。毫无疑问，种类繁多、负担多样的英国土地权利的变动过程意味着更加复杂的格局。土地转让制度的便利与复杂主要取决于两个方面，一是土地权利结构本身是否便于转让，二是转让的程序是否便利。不幸的是，在这两个方面，英国土地法都存在显著的缺陷。首先，从静态角度来看，土地权益的肢解裂化导致传统不动产体系繁杂：土地权益在普通法中被裂化为地产与无形不动产，而地产又进一步分裂为自由继承地产、限嗣继承地产、终身地产、回复地产与剩余地产等，这造成了同一块土地上有不同地产所有人，对于买受人而言，买受任何形态的地产都不具有足够的吸引力。契据交付模式不再需要公众因素的引入，从而在很大程度上导致土地被"秘密转让"，因此，土地交易"无非是一件关于搜查和记录的事情"，而土地权利"公开性"的日益降低，加之"英国财产法中存在家产处分协议和信托等古老的制度，使得本已神秘莫测的地产权实情更加难以调查"[1]。"假如一个人购买一块土地，他会同时收到满箱的文书同契据。"[2] 1651 年，威廉·利奇（William Leach）写道："我们要调查诸多法院和登记处；我们面临着时刻改变的权利结构；我们甚至还看到有些法院的地产权还相互交错。总之，你想找到的东西非常难以找到。"[3] 即便如此，一份最为详尽的

---

① 于霄. 1925 年英国财产立法改革研究 [M]. 上海：上海三联出版社，2011：19.

② 〔美〕阿瑟·库恩. 英美法原理 [M]. 陈朝璧，译. 北京：法律出版社，2002：156.

③ Peter Mayer & Alan Pemberton. A Short History of Land Registration in England and Wales [M]. London：HM Land Registry，2000：4.

"地产权之链"调查也不能保证受让人的安全。"在做了调查但没有发现相关事实的情况下，若实事审理者（trier of fact）也认为应当再努力些，则调查者并不一定会得到保护。"① 他永远不确定在他交了出让金、契约已经确切地签署和盖章之后，有人不会有一天进一步拥有一个更好的所有权。由此可见，在普通法体系下，法官基于对物权的保护而课以买受人的对物权的审查责任，如此有效地保护了真实所有权，以至于买受人在不动产购买过程中常常"如履薄冰"，稍有不测便有失权的风险，导致物权买卖功亏一篑。

（三）英国近代土地转让制度改革：逐渐走向强制的不动产登记政策

土地权利丛林的复杂化以及意思主义物权变动模式下土地秘密转移，使得英国传统形成的土地制度成为一个充满不确定性的凶险的"泥浆"式的体系，这是一个最"麻烦、拖拉、昂贵地"影响供应商、抵押权人和承租人的制度，转让的费用如此之高以至于这个词成为"暗中从女皇的臣民口袋中提取硬币"的代名词②，这种体系下产权交易的风险和成本将英国土地制度推向了改革的风口浪尖。改革无疑指向两个方面：一是简化既有的土地权利体系，二是对土地流转程序进行简化。改革的重心主要集中在后者——如何使土地转让更加清晰、确定且富有效率。土地法的杂乱与人们对契据登记的批评导致了财产法进一步变革的呼声，以"产权"而非"契据"为中心的"强制"不动产登记制度被提上立法议程。1862 年《土地登记法》（Land Registry Act1862）与 1875 年《土地转让法》（Land Transfer Act 1875）两部法律开启了英

---

① 〔美〕罗杰·H. 伯恩哈特，安·M. 伯克哈特. 不动产：第 4 版［M］. 钟书峰，译. 北京：法律出版社，2005：272.

② Stefan Petrow. Knocking down the house? The Introduction of the Torrens System to Tasmania ［J］. U. Tas. L. Rev, 1992（11）：167.

国产权登记的序幕。为了避免引起激烈的反对，这两部法律试图以自愿登记方式进行推广，即便如此，产权登记制度还是招致了强烈批评。

二、海外殖民扩张中的机遇：托伦斯制度的产生及其推广

（一）托伦斯制度的产生

一般认为，不动产的托伦斯权利登记体系最早由澳大利亚政治家、南澳契约登记官罗伯特·托伦斯伯爵首创。该体系旨在对"一种烦琐的约定俗成且代价巨大的登记体系"进行改革①，通过提供一种具有"终局的结论性、确定性"的所有权凭证，以保障不动产交易安全，并消除公众对传统契约登记系统弊端的各种不满②；为了打破地产权之链，并由此解决旧制度不确定性、复杂性和相关高成本的问题。所以，托伦斯制度从本质上是"以登记为准的地产权"（title by registration）而非仅仅是"地产权登记"（registration of title）。在托伦斯系统下，官方的记录第一次成为土地所有权无懈可击的信息来源，法律只关注记录的所有人，并且只有记录的所有人，才是真正的所有人。这种登记，极大地还原了土地自身的真实权利结构，从而（从理论上说）使任何潜在的购买人（或其他任何人）都能通过查阅登记簿发现谁是土地所有人、谁还对土地享有其他权益，因此，购买者可以完全依赖这些登记，

---

① S. Birrell, J. Barry, D. Hall, J. Parker. Is The Torrens System Suitable For The 21st Century? ［M］. NZ Australia Cadastral Conference, 1995: 14 – 46.

② John L. McCormack. Torrens and Recording: Land Title Assurance in the Computer age ［J］. William Mitchell Law Review, 1992（18）: 61.

而不必为某些潜在的权利人做一些烦琐的额外的记录调查，① 由此为交易安全提供了更高的法律保障。②

在托伦斯的推动下，在 1857 年底，南澳大利亚颁布了托伦斯登记法案（Real Property Act 1858，No. 15. S. A.），成为首个在普通法国家中实行所有权登记制度的国家。托伦斯权利登记体系旨在通过创设一个在解决将来争议时可用作证据之用的先例来保护土地购买者，避免其遭受将来不利请求的侵害。③ 但这两种体系的运作方式却有着本质的不同。"契据登记的目的是创设一种摆脱未经登记权利和请求的不可取消的权利，并且只为那些善意的并支付对价的购买者给予保护。"④ 该体系并不确定权利。而"托伦斯体系的基本原则是土地所有权的登记而非登记所证明的权利"⑤，它旨在创造"不可取消（Indefeasibility）"的权利。⑥ 在托伦斯制度下，当土地卖于他人时，土地并没有移动，只是人换了。托伦斯制度下只有一份产权文件，相比于契约转让制在土地交易中提供了更简易的记录。按照托伦斯登记制，即使"不正确"的登记也能使登记者获得所有权。后期托伦斯登记制度逐渐从南澳扩展到澳洲其他部分，并分别对北美、非洲乃至英国产生深远影响。⑦ 托伦斯的

① Carol M. Rose. Crystals and Mud in Property Law［J］. Stanford Law Review，1988（40）：577.

② 陈永强．"托伦斯登记制度研究"，民商法论丛：第 42 卷［M］．北京：法律出版社，2009：392.

③ Bruce Stevenson. United States Land Registration and Canada's Torrens System：A Comparison［J］. Canadian–American Law Journal，1984，2（2）：4.

④ Patton. The Torrens System of Lawn Title Registration［J］. MINN. L. REV.，1934，19（35）：519.

⑤ Carl v. DeToffol，223 Minn. 24，25 N. W.［M］，1946：479.

⑥ 85 Minn. 437，89 N. W. 175（1902）.

⑦ Greg Taylor. The Law of the Land：The Advent of The Torrens System in Canada［M］. Toronto：Osgood Society for Canadian Legal History，2008：256.

改革受到了后世的广泛赞誉，被称为"一个法律门外汉的了不起的壮举"①。

（二）托伦斯制度的传播

1. 托伦斯制度的传播范围

19 世纪后期，各国物权变动制度正处于从意思主义模式继续向前演化的阶段，资本主义的兴起刺激了土地交易，土地市场的发展使得意思主义的物权变动模式的局限性日益突出，"彼时存在的问题是普通法有关不动产转让的规定（意思主义）是无法对土地购买者提供足够保障的。一个人买了土地后发现卖主不是真正的土地所有人，在这种情况下，真正的所有者会请求返还土地，这导致买方只能以卖方违反合同（breach of contract）而提起诉讼。再者，即使卖方是土地所有权人，也有可能存在第三方对土地存在法益而限制土地流转，而这些都是买方在完成买卖之前难以发现的"②。而托伦斯制度"以登记为突破口"，一举解决了土地产权的"确定性"问题，从而在世界上五大普遍登记制度中迅速脱颖而出，成为 19 世纪不动产转让问题的完美诠释（perfect answer）。尤其需要指出的是，在英联邦国家和地区，一个司法区解释一项（有关托伦斯）条款的司法判决，特别是枢密院的判决，很可能在其他司法区具有权威式的说服力，③ 从而导致了这些托伦斯法域的规则一致性。

---

① Simpson 1976 LLR Chapter 5 Torrens System, Crown copyright material is reproduced with the permission of the Controller of HMSO and the Queen's Printer for Scotland.

② Barry C Crown, Whither Torrens Title in Singapore? Singapore Academy of Law Journal, (2010) 22SAcLJ.

③ See Pamela O'Connor, 'Deferred and Immediate Indefeasibility: Bijuralism in Registered Land Title Systems' (2009) 13 Edin LR, p. 194.

2. 托伦斯制度的传播过程

从表面上看，托伦斯登记制度在 19 世纪末以来似乎以"所向披靡"的速度进行传播和扩展，在英语国家得到迅速推广，托伦斯登记"非常简单的特征使得它在 20 世纪 20 年代成为土地改革者最为宠爱的孩子"①。但深入考察这些国家引进该制度的进程也可以发现其中的博弈、冲突乃至斗争②，对这一过程进行简要的透视，对于我们合理审视这一制度同样存在理论和实践上的意义。

（1）托伦斯在澳大利的传播

托伦斯的目标并不仅仅局限在南澳，新的产权登记体系在南澳立住了脚之后，托伦斯立即展开了将这一制度向澳洲全洲进行推广的计划。1861 年，塔斯马尼亚政府邀请托仑斯参观了塔斯马尼亚岛，次年便在南澳法案基础上起草了 1862 塔斯马尼亚不动产法案。一些高调的宣扬似乎旨在说明托伦斯登记在塔斯马尼亚州的顺利推进③，然而真正的土地法律改革之路并不平坦。在塔斯马尼亚，19 世纪中叶继受英国的土地转让体制，同样因其费用、迟缓乃至导致不动产的价值贬损而备受谴责。④ 在这种情势下，一个自称如此简单又便宜的体制一定会在新的殖民地受到广泛的欢迎。托伦斯本人亦经常称土地法律改革为"人民的问题"，并以此博取了公众的广泛支持。但政府对这一剧烈改革的行动

---

① 〔美〕约翰 E·克里贝特. 财产法：案例与材料〔M〕. 齐东祥，译. 北京：中国政法大学出版社，2003：1110.

② 泰勒指出，"从历史的角度看，自始至终澳大利亚对托伦斯体系的接受并不是一个必然的过程"，See Greg Taylor, The Torrens System's Migration to Victoria, Monash University Law Review（Vo. 133, No. 2）. 2007, p. 323.

③ 如声称 1862 不动产法案"几乎无障碍"地通过了塔斯马尼亚议会的审议。See Whalan, *Torrens System in Australia*, 9.

④ 据统计，塔斯马尼亚当时的土地转让花费要比英国多出 50％，当时一例 20000 英亩不动产在转让中花费了 10000 英镑。产权交易成本高意味着"我们实际上不能按照我们对自己土地的热爱而做"。See Stefan Petrow, Knocking down the house? The Introduction of the Torrens System to Tasmania, 11U. Tas. L. Rev. 167 1992.

仍非常谨慎，认为应进行系统的托伦斯登记制度调查以及公开的听证。随后，托伦斯改革遭到律师界人士的激烈反对。1861 年，律师奥尔波特围绕"产权形式集中背景下的欺诈伪造风险""费用成本和赔付风险""补偿金滥用"等问题对托伦斯制度提出了批判。但作为南澳总督的托伦斯并不希望单纯通过正面的辩论去赢得改革，为了顺利地、更快地实现托伦斯制度向其他州的拓展，他通过巧妙利用媒体宣传①、"上层路线"等措施有力地推动了改革的进程。

（2）托伦斯在东南亚的传播

托伦斯制度不仅在非洲和美洲，在亚洲，也随着英国殖民政策的展开而获得推广。以东南亚为例，马来西亚和新加坡的土地制度都深受英国的影响。独立后，新马两国都建立起了以土地国有为主导的土地政策。② 而在涉及私人土地产权部分，由于该部分毫无疑问地构成了土地版块中相对活跃的部分，因此基于土地交易而产生的问题也相对集中。③ 在这种情况下，马来西亚（National Land Code Act 1963）和新加坡（Land Titles Act／Chapter 157）都引进了托伦斯登记制度。但新加坡仍然保留了契据登记法（Registration of Deeds Act 1998）。

---

① Stefan Petrow. Knocking down the house? The Introduction of the Torrens System to Tasmania［J］. U. Tas. L. Rev. , 1992, 11：167.

② 马来西亚现行的土地制度基本上由 1956 年马来西亚国会通过的《国家土地法典》确立。根据该法，马来西亚的土地被分为政府土地和私人土地两类。新加坡的情况也类似，其土地国有化程度约达 80%。

③ 在这种情况下，契据交付和记录制的弊端在新加坡等东南亚国家也暴露无遗。不论何时发生新的买卖和抵押，对原先所有权以及附随情况的审查和抽取的过程是必不可少的，因为一个关乎产权的错误会让律师因为疏忽而遭受一个毁灭性（ruinous）的诉讼承担责任。再考虑到这个制度中的不确定性（uncertainty）、复杂性（complication）以及必要成本（expense inevitable）等，考虑到这些，就不难理解改革意向的迫切性。Barry C Crown. Whither Torrens Title in Singapore?［J］. Singapore Academy of Law Journal, 2010（22）：15.

（3）托伦斯在美国的传播

与托伦斯制度在其他法域落地生根并在不同的土壤环境下不断成长不同，托伦斯制度在美国的推广经历了一个由盛而衰的起落过程，这使得美国成为托伦斯传播史上特殊的一页。19世纪末期的美国，契据登记制度的弱点同样众所周知并饱受非议。托伦斯制度在普通法世界诞生后，这种"成功"的经验迅速传播到了北美，崇尚工具实用主义的美国自然不会对其无动于衷，于是，理论界建议以托伦斯土地所有权登记制度取代记录制度的呼声日益高涨。一些赞成者认为，托伦斯登记制度在国外的显著成功，特别是在加拿大和英国，无疑可以证明该制度同样可以适用于美国，在这种情况下，用所有权登记的托伦斯制度代替记录制度迅速成长为重要的改革建议。①

随着立法的实施及不断出现的危机，托伦斯制度在其中的9个州逐渐失效或被废除。迄今，托伦斯制度在很大程度上仅仅被5个州使用：夏威夷州、伊利诺伊州、马萨诸塞州、明尼苏达州和俄亥俄州。即便在那些适用托伦斯制度的州，产权登记率也并不是很高，使用托伦斯影响范围最广的地区可能是在夏威夷，土地登记率达到近45%，而在芝加哥、洛杉矶和马萨诸塞州，托伦斯产权的数量则大大低于契据登记制所覆盖的范围，以致最坚定的托伦斯制度拥护者也承认该制度是"美国土地产权交易过程中最不常用的方法"②。

不仅如此，托伦斯制度在美国的实施显得比较脆弱，那些曾经被"预言"的问题在这里显露出来，并导致了制度的衰落。1937年，当整个加利福尼亚州的人寿保险基金因一个赔偿诉求而入不敷出时，人们对

---

① See Martin Lobel, A Proposal for a Title Registration System for Realty [J]. U. RICH. L. REV., 1977, 11: 501.

② Student Author, Yes Virginia – There Is a Torrens Act [J]. U. Rich. L. Rev., 1975, 9: 301.

加利福尼亚州托伦斯制度的信心动摇了。① 接着 1955 年，加利福尼亚州的托伦斯法案撤销了。

托伦斯体系在美国应用的失败不仅使那些轻视（slight）托伦斯体系的人感到吃惊，也使那些认为托伦斯法律能在澳大利亚成功实施，同样也能在美国成功实施的人感到惊讶。一位法学家甚至感叹道："一个令人困惑的事实是，美国实际上正迅速成为世界上唯一一个不是以托伦斯原则为基础建立土地所有权制度的国家。该制度似乎在到处都能很好地适用，但令人难以置信的是，它却不能令人满意地适用于美国。"②

三、托伦斯登记制度的结构与原则

（一）托伦斯制度的结构特征

根据托伦斯登记制度的核心架构，我们可以看到该制度具有如下方面的主要特征。

1. 极端性

托伦斯登记制度起源于普通法系，并主要在普通法领域流传。因此，基本未进入大陆（尤其德国法系）的视野。而普通法关于托伦斯登记制度的研究主要集中于托伦斯登记的确定性及其相关问题，托伦斯推广过程中的问题等，很少在"物权变动"整体理论的视野下对其进行透视。

实际上，托伦斯登记主要就是物权变动问题，其核心架构决定了所

---

① See Gill v. Johnson, 69 P. 2d 1016（Cal. Dist. Ct. App. 1937）.

② Walter E. Barnett, Marketable Title Acts-Panacea or Pandemonium? ［J］. COR-NELLL. REV. , 1967, 53: 45, 93 – 94.

依托的物权变动模式。从本质上看，由于托伦斯登记制度最典型的特征是它"不是权利的登记制度而是登记权利的制度"①。因此，在物权变动模式的意义属于"形式主义"模式范畴。② 而在物权变动模式体系的意义上进行观察，可以发现，以对抗主义模式为中心，与意思主义模式对称，作为形式主义的托伦斯登记属于一种"极端"模式。

2. 简洁性

从理论上讲，托伦斯登记制度允许潜在的买方或其他利益主体仅依据政府颁发的证明作为拥有有效所有权的证据，从而避免当事人寻找并查阅不动产所有权转让过程中所有契约的内容。③ 托伦斯登记规定了土地所有权的登记，而不是对转让所有权的转让文书的登记，通过登记，直接收到设立土地权利的法律效果。Simposon 指出，托伦斯登记的最简化式的基本原理，就是已登记的契约优先于未登记的或者后登记的契约。④ 与传统意思主义模式下纷繁复杂、显隐不定的权利表征相比，托伦斯登记制度下的权利表征形式极为简单——就是一个直观的登记证书。权利人以外的其他人仅仅通过这个唯一的形式来判断产权，这种权利表现形式的唯一性决定了托伦斯权利表象的简约性。这也是托伦斯制度最引以为傲的基础。正是由于权利表征的简约性，产权流转的快速、便捷与低成本才得以实现。

3. 高效性

托伦斯登记制度旨在"把人们从为了确保权利的有效性而不得不

---

① Breskvar v Wall, CLR［M］, 1971：376, 385.
② 在这一意义上，我们说托伦斯制度与德国之形式主义具有本质上的相似性。参见陈永强. 登记公信力与占有保护——以英国《2002 年土地登记法》为中心［J］. 环球法律评论，2012（3）.
③ John T. Hassam, Land Transfer Reform：The Australian System［J］. Harv. L. Rev., 1891, 4：275.
④ S . R. Simpson, Land Law and Registration, Cambridge［M］. 1976：15.

进行的烦琐的权利调查程序以及高额的附加费用中解救出来"。① 在托伦斯登记制度下，登记是一个"唯一"的权利控制的口径，通过这一设置，托伦斯登记排除了其他任何权利判断机制，仅仅通过登记这唯一的环节来进行产权判断，从而有效地阻断了购买人调查所有权锁链的烦琐义务。土地所有权证书即是所有权的全部，这个证书表明的所有权是不可能推翻的。因而，购买人只要查看所有权证书就可以放心地从事交易，所有权证书之外的情况，一般都不能构成影响土地交易的障碍。交易环节的简约，大大节省了交易成本，保障了土地流转的高效性。应当承认，相对于复杂的传统登记模式，托伦斯制度表面的直观性十分具有吸引力。

4. 低成本

在托伦斯登记制制度下，土地产权流通的成本主要集中在登记环节上。登记本身的费用是可控的，相对于契据记录制下的律师费、保险费等多元化的费用而言，其所涉及的费用相对较少，而且一旦建立了稳定的权利登记体系，随后的交易中，登记本身的费用将更低。

5. 直接赋权性

托伦斯登记制度的基本出发点是：每一个登记在土地登记簿上的受让人都不是从出让人那里得到所有权，而是通过登记"原始地"取得所有权。② 在这里，登记不是记录一项业已存在的权利，而是以其自身的权威"创设"（create）了一项新的权利。③ 因此，与传统记录制权利流转体系截然不同的是，托伦斯登记是一项"赋权性"的登记体系。

---

① Gibbs v Messer. AC［M］，1891：248-254.
② 〔德〕乌尔里希·施伯伦贝克. 土地交易中安全性的比较法考察［J］. 邹国勇，译. 华中科技大学学报，2005（3）.
③ 记录制度和托伦斯制度的主要不同点在于，在托伦斯制度中，所有权本身会被登记，而在记录制度中，所有权的证据被记录了下来。See，e. g. ，People v. Mortenson，88 N. E. 2d 35，38（Ill. 1949）.

"登记机关颁发的证明书不仅仅是一个证明书，更多的是由政府提供的对不动产所有权的绝对保障。"①

6. 权力机制突出

托伦斯制度清除了诸多产权表现形式，而产权之判断系于唯一的登记，借由登记关口的控制，实现了产权的清晰性和确定性。虽然登记所表彰的仍然是"私权"，托伦斯制度的总体描述也主要集中在私权层面，然而实际上，登记如此之高的地位，其实并非是单纯的私法因素所能达致的。在登记"集万千宠爱为一身"的背后，必须有一个强力的支撑，这个支撑就是"国家权力"。"这种结论的登记是有国家效力作为保障的不容置疑的方法"，Dowson 和 Sheppard 将这种登记体制描述为："保存在土地公权中一项权威记录，作为授予一些特定的人或团体土地产权的权利限制。"②

7. 程序复杂性

托伦斯登记要实现仅仅通过登记的产权确认机制，程序的环节集中了，但其复杂性却并不简单，尤其就首次登记而言，为了确保从混杂的权利体系中撇清与其他权益的关系，托伦斯登记不得不启用司法程序，对可能存在的其他权益进行清除。

8. 隔离性（中立性）

托伦斯制度通过登记实现了产权状态的清晰化以及产权流通秩序的有效管控，这一改革虽然从结果上看"毕其功于一役"，然而冷静地审视托伦斯制度的一元化产权政策不难发现，在这一激进的改革路径下，托伦斯制度所过滤的不仅仅是那些"模糊不清"的"劣质"产权，同

---

① John T. Hassam, Land Transfer Reform：The Australian System ［J］. Harv. L. Rev. , 1891（4）：275.

② Ernest Dowson and V. I. O. Sheppard, Registration of Titles With Special Reference to its Introduction in the Gold Coast, ［M］. London, 1946：2.

时还包括了一些"优质"产权，即通过便利的方式能够为交易第三人所知悉，或者已经为第三人所知悉的权利。按照托伦斯制度改革的初衷来看，之所以将产权集中到登记上来，其目的无非是为了使第三人便于查看权利状态，从本质上看，其运行的机制仍然是依靠"公示"。

（三）托伦斯制度的主要原则

不动产登记制度的价值在于明晰财产归属关系，确保不动产权利流通中的交易安全与交易便捷。这一价值目标使得不动产登记制度应当设计为一种以权利登记制、过滤一切登记外权利主张并以政府担保的登记错误的赔偿机制。因此，在托伦斯制度领域，一般将其核心原则归纳为"镜像""幕帘"和"保证"三项。[①] 已有的研究对于托伦斯登记制度原则的介绍也主要集中在上述三个方面。笔者认为，从托伦斯制度的内部架构原理上来看，其核心原则实际上为一项，即所谓的"镜像"原则，因为"幕帘"和"保证"原则皆在于保障"镜像"原则。若推而广之，则托伦斯制度的原则尚应包括程序层面的要求，如强制、统一和司法性等，姑且谓之"程序法定原则"。

1. 镜像原则（mirror principle）

镜像原则，顾名思义，即土地所有权登记簿就像镜子一样准确地反映土地自身上的真实权利结构，从而保证任何潜在的购买人都可以通过查阅登记簿发现谁是土地所有权人、土地上存在哪些负担、谁又是这些权益的所有人。[②] 镜像原则这一表述借用了一个比喻，其实质是"产权确定"原则。但在词源上，为了强化对产权确定性的语气，托伦斯制度使用了"不可推翻性"（Indefeasibility）这一表述，从而使得"不可

---

① John L. McCormack, Torrens and Recording: Land Title Assurance in the Computer age [J]. William Mitchell Law Review, 1992 (18): 61.

② 陈永强. 托伦斯登记制度研究，[J]. 民商法论丛，2009：396.

推翻性"成为托伦斯制度下对产权确定性的法定表述，其与镜像原则是相通的。从比较法的角度来看，大陆德国法系物权法理论上与此相关的是物权的"公信力"和"绝对性"，所以，在词源比较和翻译的意义上，"Indefeasibility"可以直译为产权的不可推翻性，或产权的绝对性，或产权的公信力与绝对性。

2. 幕帘原则（curtain principle）

幕帘原则，也称帷幕原则，意指在传统普通法下的繁杂的权益和登记所载的权益之间拉起一张大幕，从而将二者隔开，从此，任何一个第三者，他只需要关注登记簿上所记载的权益信息，而那些藏匿深厚的各色权益，则被那张无形的大幕所屏蔽和隔离出去，不能发生效力。罗夫教授认为：登记簿是想要购买不动产的购买者可以获得的唯一关于不动产的相关信息的来源，他们不需要知道和关心那些隐藏在帷幕背后的信任和权益。① Rowton Simpson 教授在对国际土地登记法案的比较研究之中也指出："权利不受不显示在登记簿之外的任何因素的影响，通过其他方式确立土地上的权利不仅是没必要的而且是不可能的。"② 而"一个足够好奇、想要超越帷幕的权利调查者将不能这样做，除非他得到登记员的明确允许"③。由此可见，幕帘原则的实质与"镜像原则"之间存在着直接的关联，换言之，幕帘原则乃是为了确保产权的清晰性、确定性和不可推翻性而存在的，是一个进一步说明如何保障产权唯一的原则，是实现产权唯一性的理论保障。幕帘原则旨在保护购买人安全地取得无其他任何对不确定的交易第三人存在潜在影响的土地权益和负担的

---

① M M Park, IP Williamson, An Englishman looks at the Torrens System – another look 50 years on［D］. University of Melbourne, 2003.

② Simpson, S R. Land Law and Registration［M］. London：Cambridge University Press, 1976：176.

③ Land Registration Act 2002（England）, section 69.

土地产权。凡上述一切权利，均应通过"抹去"原则予以取消。

3. 国家赔偿

在传统普通法领域，产权真实性判断由交易当事人自己承担，由于风险自担，因而其风险可能通过市场化的方式——私人保险机制进行分摊。① 然而在托伦斯制度下，由于产权登记由官方提供，政府代替私人和市场机制保障登记产权的真实性。而前述分析表明，由于登记一元体系同样存在自身的风险，例如，基于欺诈、伪造、登记错误甚至迟延登记等不恰当登记行为，都有可能给相关当事人造成巨大的损害。而在政府主导的登记体系下，既然登记单纯由政府提供，政府排斥了任何力量而成为产权的唯一确认者和保障者，这样，作为一种关联性的制度延伸，政府就必须对上述风险进行解决。为此，托伦斯制度普遍设立了"产权保证基金"。"由于登记权利的保证作用挫败了那些在传统的不动产法律下将会获得保护例外的'无辜的'受害者，因此，保证基金制度被引入进来，用来补偿那些信赖错误登记或者登记利益被错误剥夺的人所遭受的损失。"② 产权的国家保证基金一度被誉为托伦斯制度中的"亮点和进步"，它使得托伦斯制度更易于推广和被接受。但只有少数实行托伦斯制度的国家没有设立赔偿基金。③

4. 程序法定原则

托伦斯制度将产权流通环节完全集中于"登记"中完成。为了充

---

① 实际上，以美国观之，产权保险成为土地产权交易中的重要环节和产业形态。虽然有观点认为，产权保险作为一种收费形式，增加了交易当事人的费用负担，但总体来看，产权保险不仅降低了交易中的产权不确定性，同时也促进了产权记录制度的信息完善，从而起到了通过市场机制优化产权流通秩序的总体功能。

② M M Park, IP Williamson. An Englishman looks at the Torrens System – another look 50 years on ［D］. University of Melbourne, 2003.

③ 马来西亚国家土地法（The Malaysian National Land Code）在没有补偿金的规定下一直运行得很好。See S Rowton Simpson, Land Law and Registration ［M］. Cambridge University Press, 1976：179 – 193.

分实现这一目标，托伦斯登记设立了严格复杂的"法定"登记程序，产权变动必须按照这一法定登记程序进行，才能顺利实现产权转移之目标。托伦斯登记之程序可归结为以下三个原则。

（1）强制登记。托伦斯登记将产权系于唯一的登记环节，具有产权明晰的优点。尽管这一优势对于私人产权保有者而言具有重要意义，也是托伦斯制度推广过程中给予厚望的制度基础，然而，无论从模式比较的意义还是从私人行为规制的可行性角度来说，自愿机制托伦斯制度的这种登记唯一性地位是很难保障的。换言之，由于内在动力机制不足，自愿登记体制，不可能使得登记率达到理想的水平。因此，托伦斯登记要确保其制度地位，在技术上必须同时建立强制登记以作为其保障。

（2）统一登记原则。托伦斯制度通过建立完善的登记制度，以满足产权的公示和查询，实现产权流通的有序化和高效化。要充分实现这一价值目标，从登记体制上来说，登记的统一性是一项必备的要素，否则，产权登记的登记率必定会降低，从另外一个角度来说，统一登记也是检验托伦斯制度是否成熟和完备的一项重要的指标。正是在这一意义上，"自19世纪中叶权利登记被引入澳大利亚司法机关以来，设立全国范围内统一的土地权利登记制度的愿望已经在很多场合被唤起"①。"这样一种愿望使得人们更偏爱包括能够感知到的成本节约在内的统一性和与单一系统。"② 而在托伦斯制度面向澳各州推广的过程中，托伦斯爵士就意识到了这一点，在磋商中，他"唯一的保留就是托伦斯将会要

---

① Bradbrook, A J and S V Mac, Australian Real Property Law, 2nd ed, Sydney, LBC Information Services［M］. 1997：407.

② Davies, K et al. The efficiency and effectiveness of Land Administration systems in Australia and New Zealand［M］. 42nd Australian Surveyors Congress, Brisbane, 2001（9）：25－28.

求所有的业务都在墨尔本办理，也因此在各州分区付出的代价下加强了中央集权"①。

（3）程序司法原则。在托伦斯产权登记制度下，"登记是不可更改的权威，国家有责任保障受登记簿中条目影响的交易的有效性。国家保证登记的产权或权益的不可推翻性，这可以看作是区别于契约登记的产权登记的基本要素"②。

然而要明确地确定一项产权的法律效力并非易事，单纯依靠行政权力机制难以胜任。尤其对普通法国家，在托伦斯制度实施初期，不动产权利从未登记状态进入到托伦斯登记制度的初始登记环节，面临着如何对产权的真实性和准确性进行审查的问题。从法律的角度来看，这一环节必须通过司法程序才能有效地完成。所以，"最初的所有权登记并不是一件简单的事情。其程序通常可以和使所有权确定下来的诉讼程序类似"③。

（4）实质审查原则。在"产权记录"体系中，记录部门只是一个"证据存放"结构，由于它既"不表态"权利的真实性和有效性，也不"赋予"其权利，故而不存在审查的问题。而托伦斯制度由于立志改变这一格局，要"确保产权的真实性"，为了确保这一过程无误（否则其即应承担相应的赔偿责任），就必须进行"实质"审查。"如果该产权存在或可能存在瑕疵，那么业主最后想做的事情就是将这可恶的事实正式披露出来。对于大多产权，如果一件事情比另一件更不可取，他们应该做的就是将其公开。如果未经过校正，就安然地将其置于律师办公室

---

① Greg Taylor. The Torrens System's Migration to Victoria ［J］. Monash University Law Review，2007（33）：323.

② L. K. Agbosu，Land Registration in Ghana：Past，Present and the Future ［J］. Journal of African Law，1990，34（2）：104 – 127.

③ See，e. g.，CRIBBET &JOHNSON，supranote 10 ［M］，2011：353.

的保险库，他们的法律地位是被加强了，但他们的缺陷却被隐藏了。"①

四、托伦斯制度与形式主义物权变动模式的比较

从结构上看，托伦斯登记表现出了和德国式的登记极大的相似性，换言之，二者属于同一种物权变动模式——形式主义模式。②"无论转让合同是否有效，所登记的所有者就是该土地的所有者。所有权是通过登记取得的。同时，为了避免出现不公正的结果，土地登记员必须依照职权审查转让合同的效力。一旦登记，就确定无疑地转移了所有权。"③"澳大利亚制度的基本出发点是，每个登记在土地登记簿上的受让者，都不是从出让者那里得到所有权，而是通过登记原始地获得所有权。即所谓的：不是登记所有权，而是通过登记产生（设立）所有权。"④"由于托伦斯不动产程序运行的结果是产生绝对正确、具有绝对对世效力的权利，实体法必须体现这一点。"⑤

（一）物权变动模式的基础与核心表达——从不可推翻性到绝对性

传统有关物权变动模式的研究一般从其分类着手。但实际上，物权

① H. M. Humphry，The Land Transfer Bill［J］. Law Quarterly Review，1889，5：283.

② 在这一意义上，我们说托伦斯制度与德国之形式主义具有本质上的相似性。参见陈永强．"登记公信力与占有保护——以英国《2002年土地登记法》为中心"［J］.环球法律评论，2012（3）.

③〔德〕乌尔里希·施伯伦贝克．土地交易中安全性的比较法考察［J］．华中科技大学学报，2005（3）：35.

④ Breskvarv. Wall. 澳大利亚法学期刊报告（第46卷）［R］. 1972.68；Frazerv. Walker. 上诉法院（枢密院）. 1967. 569，585. 转引自〔德〕乌尔里希·施伯伦贝克．土地交易中安全性的比较法考察［J］．华中科技大学学报，2005（3）：36.

⑤ 常鹏翱．不动产程序的过程价值［M］//《私法》第4辑第2卷（总第8卷）．北京：北京大学出版社，2004：200.

变动模式作为物权流通秩序的一种调控规则，是一个表现，而非"源头"。从逻辑上来看，物权变动规则就是物权理念的动态表达和延伸，因此，所谓的物权变动模式，实际上受制于物权观念本身。有什么样的物权观念，就对应着什么样的物权变动模式。

（二）　物权变动模式的原则表现——从"公示公信"到"镜像原则"

对物权变动规则进行抽象，在德国形式主义流派中称为"公示公信"，在托伦斯制度中称为"镜像原则"。按照德国法系之理论，所谓公示，是指物权之变动必须以一定的社会共识之有效方法公开，以使第三人能知悉该物权变动情况，避免第三人遭受损害并保护交易之安全。所谓公信，是指凡依上述方法公示之物权变动即便存在不真实的情况，对于基于该表象而信赖该物权变动之人，法律亦仍承认其具有与真实物权相同的法律效果。实际上，由于德国法上仅将"登记"作为不动产"公示"和"公信"的标准和依据（由物权法定原则进一步规定），而镜像原则也是仅仅通过登记本身的判断，因此，二者在本质上是完全相同的。

（三）　对"善意"和知情规则的排斥

由于物权的绝对性以及以登记为一元表象，托伦斯制度和形式主义规则都倾向于从客观且唯一的表象出发进行产权判断，而反对从主观方面对受让人做出判断。而善意规则和知情规则则要求在登记之外，继续通过其他更多的表象对在后的买受人进行筛查，如果发现后者对在先权益存在知情或应当知情的情况，则否认后来者通过登记获得产权的正当性。

（四）"不当得利（Unjust Enrichment）"回复规则的相似性

假设 A 将产权转让给 B，并在登记机关完成了变更登记，嗣后，转让合同被确定为无效，按照托伦斯登记和形式主义规则，此时，由于 B 持有产权登记证书，为法律上的产权人，虽然转让合同失效，但不能直接影响 B 的"合法"产权持有人身份，此际，为了实现利益平衡，托伦斯制度和形式主义物权变动模式下都赋予 A "不当得利"请求权，A 凭借该项权利，可以要求 B 返还所涉的产权，如果该请求权运行顺利，A 就能够恢复其产权登记人的法律地位，从而使产权回复到转让之前的状态，如果 B 对该产权进行了再次处分，或多重处分，那么 A 有可能无法恢复其产权登记人的身份，其不当得利之诉的结果只能获得相应的财产补偿。这一规则是由形式主义——产权比较严格地系于登记直接造成的，由于托伦斯制度和形式主义模式都严格执行登记产权认定的刚性规则，因此，两者在不当得利的设计上也表现出了高度的类似性，考虑到普通法与大陆法在财产法规则上的显著差异，这种不当得利规则的相似性无疑折射了二者的高度相似性。

五、托伦斯登记制度的现实境遇与客观评价

托伦斯登记制度奉行镜像原则，幕帘原则、国家赔偿原则以及程序法定原则，其核心价值目标是登记产权的高度"确定性"。托伦斯登记清晰的制度架构将契据记录制模式下的产权模糊性的阴霾一扫而光，其清晰性、规范性以及制度的简洁和便利性成为制度推广的最大亮点。然而，托伦斯登记的原则与架构所展示的更多的是一个"理想化"的愿景，现实版的托伦斯制度是否能如托伦斯所愿，顺利实现其便捷清晰的

产权流通秩序，并凭借其制度优势而所向披靡呢？对托伦斯制度诞生以来在诸多国家的实践考察表明，其制度初衷所追求的产权清晰性和确定性并不客观，"镜像原则"遭遇诸多例外而面临破裂的危机，强制登记屡屡碰壁，导致诸多"二元体系"并立格局，制度运行复杂，成本高昂，与其初衷之简洁与设想之便利相距甚远，实践运行之障碍迫使托伦斯制度不得不逐渐修正、偏离甚至放弃了原初的理想化设计，对于长期采用形式主义模式，并在逐步深化的市场化进程中不断调试的我国不动产登记制度立法来说，合理汲取托伦斯登记制度的经验并深入研究其存在的问题，对于完善我国相关制度建设具有重要的启示意义。

（一）产权不可推翻性的例外：镜像原则的破裂

1. 产权不可推翻性的例外规则形成

在土地流转制度改革的潮流中，托伦斯制度旨在消除买方对卖方土地产权史价格不菲的调查需求，把人们从产权链调查和附加费用中解救出来①，并通过仅对登记的观察即可对权利的精确状态一目了然。② 托伦斯的这一目标是通过登记的效力"高于一切"来实现的③，为了实现这一目标，托伦斯制度确立了"产权的不可推翻（indefeasible）原则"④：凡从登记的产权人（即便其并非真正产权人）手中善意并支付合理对价的有偿购买人，其受让权利一经登记即可获得法律上不可取消的权利。其理论基础是：土地所有权及其权益取决于登记而非当事人之

---

① Gibbs v Messer, AC, Lord Watson for the Lord Chancellor ［M］, 1891: 248, 254.

② R R Torrens, The South Australian System of Conveyancing by Registration of Title, Adelaide, 1859: 34.

③ Black v Garnock, 230 CLR, Callinan ［M］, 2007: 438 - 463

④ R R Torrens, The South Australian System of Conveyancing by Registration of Title, Adelaide, 1859: 34.

间的契约。①

不可推翻产权（indefeasible title）意味着在先产权登记人（regis-tered proprietor）具有至高无上的法律地位。托伦斯的意图是，任何土地权益都不能超越或优先于一个已经登记的产权。②除了立法明确规定的几种特殊情况以外，它不会被那些未经登记的在先权益所击败，因此，产权的不可推翻性被视为"托伦斯制度的基石"③。在新加坡菲尔斯诉诺尔斯案中，爱德华法官指出："最主要的原则就是……登记意味着一切。"④

毋庸置疑，托伦斯登记所宣称的两大目标——登记产权的终局确定性和产权审查的便利，成为这一制度最为诱人的地方。从托伦斯制度实施百余年的历史来看，通过授予在先登记人以不可推翻的土地产权，托伦斯制度使得土地交易者从深入登记者背后去调查土地登记产权史的繁杂调研中解脱出来。因此，取消所有权链条史调查的目标已经基本上实现了，然而登记簿作为一面镜子反映登记产权人土地所有权的目标却并不乐观。⑤

2. 托伦斯产权不可推翻性的例外——一个类型化的描述

在确立产权不可推翻性原则的同时，对一些例外性权益进行列举成了大多数托伦斯立法的常用手法。例如，美国伊利诺伊州 1895 年托伦

---

① D Kerr. *The Principles of the Australian Lands Titles（Torrens）System*，Fox，ibid ［J］，1927：9.

② MARY – ANNE HUGHSON，MARCIA NEAVE ，PAMELA O'CONNOR. Reflections on the Mirror of Title：Resolving the Conflict Between Purchasers and Prior Interest Holders ［J］. Melbourne University Law Review，1997：460.

③ *Bahr v Nicolay*［No. 2］，164 CLR，Mason CJ and Dawson J ［M］，1988：604 – 613.

④ NZLR，Edwards J for Denniston，Edwards，Cooper and Chapman ［J］. 1906（26）：604 – 620.

⑤ See T B F Ruoff，An Englishman Looks at the Torrens System，LawBook Co. ［M］，1952（26）：118.

斯立法规定了但书条款："下列明确规定的几种权益排除在外：抵押权和在证明书上明确标注的其他权利；某些租赁利益；公共道路使用权；地役权；税收征收权和其他由占有人享有的权利。"①

3. 对例外性的基本评价——托伦斯所有权体系的安全性

托伦斯登记制度的核心原则之一就是产权登记人被授予绝对不可推翻的产权。一般认为，托伦斯登记制度将"镜像原则"奉为圭臬——该原则坚称登记能够有效地映射出与土地有关的全部利益。② 然而希冀产权登记像镜像一样折射出产权的精确状况其实仅仅是一个理想，现实中总是存在很多例外，这些例外使得托伦斯登记的公信力镜像并没有如人们想象的那样完美。财产法的规则也并不是那样严格地遵守托伦斯登记的形式规则，相反，知情理论、善意的判断等总会影响登记法的实体规则构成，从而使有关登记效力的判断表现出司法实践的复杂性。在托伦斯制度以购买者保护为导向的产权清晰化的理想目标和关注普遍公平与个案公正的衡平法传统之间存在着固有的紧张，"这一紧张存在于托伦斯土地产权交易改革的每一个环节和设想中"③，并在法律的僵化与公平价值之间形成了鲜明的对比。④ 正是为了克服绝对公信力原则的僵化，大多数托伦斯法域都承认在登记之外存在或多或少的例外性权益并

---

① See People v. Chase，46 N. E. 1896：455－456.

② Theodore B F Ruoff，An Englishman Looks at the Torrens System：Being Some Provocative Essays on the Operation of the System after One Hundred Years，LawBook Co. ［M］，1952（26）：7－8.

③ Mary－Anne Hughson，Marcia Neave ，Pamela O'Connor，Reflections on the Mirror of Title：Resolving the Conflict Between Purchasers and Prior Interest Holders，Melbourne University Law Review ［J］，1997：460.

④ Tara City Council v Garner，Arcape and Martin ［2003］1 Qd R ［M］，2003：556. The case dealt with the interrelationship between the two 'limbs' of Barnes v Addy and whether a claim under a limb of Barnes v Addy will survive indefeasibility.

施以保护①，在私人关系层面，这些例外统称为个人权益（in persomam）或个人衡平法（personal equities）例外。②

4. 例外性规则的未来

个人权益例外（in personam exception）的存在已经是不争的事实，唯一不清楚并极富争议的就是关于个人权益例外规则的精确范围和程度。③ 有关此一问题的长期争议形成了有关个人权益例外规则的"狭义论"和"广义论"。"狭义论"倾向于对作为产权登记例外的个人衡平权益主张进行严格的限缩性解释④，这在同样采用托伦斯土地登记制度的新加坡也颇为盛行，持狭义论者认为，扩展物权公信力的个人权益例外规则将动摇托伦斯登记制度基础的稳定性，并使之变得模糊⑤；"个人主张"或"个人衡平权利"具有天生的模糊性，因而，笼统地接受这一概念无疑将会威胁到托伦斯制度最主要的基础。⑥ 2006 年，新加坡上诉法院审理的"新加坡大华银行诉贝比·穆罕默德案"即采取了狭隘论的立场，⑦ 该案主审法官陈锡强大法官在详细考察新加坡托伦斯制度的立法史和法律规定后指出，法院不应轻易将个人衡平权益观念嫁接

---

① Les A Mccrimmon, Protection of Equitable Interests Under the Torrens System: Polishing the Mirror of Title [J]. Monash University Law Review, 1994, 20 (2): 94.

② Tang Hang Wu and Michael Hor (eds), *Lives in the Law: Essays in the Honour of Peter Ellinger, Koh Kheng Lian and Tan Sook Yee* [M], 2007: 191 - 201.

③ Les A Mccrimmon. Protection of Equitable Interests Under the Torrens System: Polishing the Mirror of Title [J]. Monash University Law Review, 1994, 20 (2): 20.

④ Barry C Crown, 'Equity Trumps the Torrens System: Ho Kon Kim v Lim Gek Kim Betsy' [J]. Singapore Journal of Legal Studies, 2002: 409.

⑤ Griggs, 'The Tectonic Plate of Equity', above n 13, 82. See also Lynden Griggs, 'In Personam, Garcia v NAB and the Torrens System —Are They Reconcilable?' [J]. Queensland University of Technology Law and Justice Journal, 2001 (1): 76.

⑥ Crown. Equity Trumps the Torrens System [J]. Singapore Journal of Legal Studies, 2002: 409 - 415.

⑦ Barry C Crown, Back to Basics: Indefeasibility of Title under the Torrens System [J]. Singapore Journal of Legal Studies, 2007 (4): 117.

到新加坡托伦斯登记制度中。①

托伦斯所设计的神圣理想在遭遇到现实衡平权益之后形成了一个"摇摆于原则与例外之间的谜题"②，令人遗憾的是，迄今为止，在诸多适用托伦斯制度的法域尚未对此冲突提出令人满意的解决方案③。

（二）托伦斯登记的管理与运行成本

按照托伦斯制度的设想，当所有的环节都集中到登记上之后，再加上产权证据链的取消，产权的认定和流转都必将变得清晰而简明，并将由此吸引大批的土地权益人进入到产权登记体系中。托伦斯制度一开始看起来显然比记录制度更好用。很明显，对使用者来说，在登记制度中，对最初的所有权证书的检验比在记录制度中艰难地处理一系列复杂的产权记录轻松多了。理论上讲，托伦斯登记制度的确具有实质性的吸引力。但是在阐述了该制度想要达到的简化和保障目标后，一个法院是这么形容美国版的托伦斯登记制度的："这些说法体现了一种理想状态，他们希望该制度可以达到这个状态，但是实践中呈现出的问题在于，考虑到对财产所有权的现有规定，如何才能接近这种理想状态。"④正如镜像原则的理想化设计在现实中频频遭遇例外，以致原初的理想几乎走向破裂（cracked from side to side）一样⑤，假设产权登记环节的快捷、便利与低成本的原初想法同样存在过于乐观和理想化的成分，而托

---

① Sook Yee Tan. *Principles of Singapore Land Law*［M］. 2nd. Singapore：Butterworths，2001：189 – 199.

② Barry C Crown. Equity Trumps the Torrens System：Ho Kon Kim v Lim Gek Kim Betsy［J］. Singapore Journal of Legal Studies，2002：415.

③ Robert Chambers. An Introduction to Property Law in Australia［M］. 2nd. Lawbook Co.，2008：468 – 470.

④ In reBickel，134 N. E. 76，80（1111. 922）.

⑤ Katy Barnett，The mirror of title crack'd from side to side? The amazing half – life of the equitable mortgage［J］. Legal Studies Research Paper，2011（2）：330.

伦斯登记制度的推广和实践表明，实际上，托伦斯制度使用过程中也存在诸多"困难"，无论是登记环节的手续还是管理与运行的成本都大大超出了最初的想象，托伦斯制度旨在建立一个具有永久结论性的清晰的产权判断标准，以像镜子一样精确反映所有权当前的状态。然而创建一个"镜子"使所有权的最初登记必然非常昂贵。其次，对这样的制度进行管理，对于政府来说是相对昂贵和繁重的。① 没有充足的资金和有能力的人来准确和及时地评估所有权数据，登记机关将无法充分地管理这项制度。② 因此，一些适用托伦斯登记的区域最终发出这样的感慨："托伦斯工作的僵化和不灵活让人沮丧和费时。"③

　　在契据登记模式下，产权记录部门是公共服务性或由私人主体提供的，因此，登记行为更随意。然而在托伦斯登记模式下，为了确保登记的真实性，必须对登记环节进行深度的改造，使其真正能担纲起确保经由该登记环节后的产权的高度真实性，为此，登记部门被赋予了广泛的"管理"权限，此际，登记处已经成为一个不折不扣的行政权力机关，而不再是一个普通的服务机构。一名澳大利亚律师在对他们国家登记范围的评论中指出，在那里最初的登记是"行政行为"，而不是司法行为。毫无疑问，在行政登记模式下，登记将变得不那么自由，产权人不得不面对这样的现实；与契据记录制模式下的简单证据存放不同，在这里，他们不得不意识到，自己是在跟"政府的行政部门"打交道，因

---

① Report of the Blue Ribbon Committee Prepared at the Request of Carol Moseley Braun, Cook County Recorder of Deeds/Registrar of Titles ［M］, 1989 (13)：51. 托伦斯制度通常需要国家补贴，因为其运行成本已经超过源自规费和其他资源的收入。

② 在伊利诺伊州库克县，由于缺乏相应的政府资金支持，托伦斯制度运行 91 年后失败了。See FRED I. FEINSTEIN, The Torens System, in 2 BASIC REAL ESTATE PRAC-TICE 1－7, 15－3.

③ John L. McCormack, Torrens and Recording：Land Title Assurance in the Computer age ［J］. William Mitchell Law Review , 1992 (18)：61.

此，有关登记的所有环节都不是那么简单和随意，登记机关会要求他们提供产权的评估、进行苛刻的审查。尽管在最初的登记过程中并没有适用适当的程序要求①，但登记部门很快就建立起了一套与登记有关的行政程序，每次登记，政府都要求进行相应的产权评估，这些评估结论通常是"确凿"的，以便政府能据此做出对产权所涉的相关利益进行有效的创造、转移、调整或取消的判断。

关于"实质性审查"。登记机关对产权负有直接的变动权。换言之，一个经过登记的产权直接来自登记机关的权威，而不是据以登记的契据或其他，因此，登记机构需要对其所载明的产权的真实性和有效性负责。实际上，为了确保这一点，登记机构首先要对错误的评估以及相关文件的真实性负责。在这种情况下，登记部门频繁地、特别小心地接收关于登记的文件就变得不足为奇。为了使登记者满意，所有者可能会持续一个错误或诉诸法院或通过行政程序对其进行修正以求达到一致。在托伦斯交易中，类似的管理不灵活给当事人带来了不便，也增加了整个登记流程的成本和费用。这种早先并未预料到的程序性繁琐导致了对托伦斯登记的批判，在澳大利亚，批判的一个重要方面就是"登记员在查看需要登记的申请时过分讲究"。②

由于托伦斯登记全程由政府机构主导，而众所周知，政府机构的行为和绩效等不受市场激励机制调节，从而很容易受到官僚体制效率低下的影响。③ 产权人通过对比不难发现，较之公共记录体系中的私人渠

---

① See, e. g., Eliason v. Wilborn, 281 U. S. 457 (1930).

② Ronald Sackville, Some Aspects of the Torrens System in Victoria: A Comparison, Neave Australian Property Law [M], 1966: 37.

③ F. V. Balch, Land Transfer – A Different Point of View [J]. Harv. L. Rev., 1892 (6): 410.

道，托伦斯登记的整个流程与环节都显得相当慢，而且也更麻烦。① 不仅如此，正如人们一贯所担心的那样，在一项制度设计中，一旦"权力"过于突出，相伴而生的就是寻租和腐败的滋生，登记机关一旦掌握了赋予权利的"生杀大权"，自然就容易"凭借权力热衷于收费，甚至贪污受贿、违法乱纪，不但增加当事人负担，而且影响登记机关的形象和登记制度的公信力，带来更高的制度成本"②。美国伊利诺伊州和库克县的托伦斯办事处都曾出现"贿赂"性质的丑闻。③ 为了确保制度运行的廉洁有效，1977 年以来，伊州甚至在托伦斯办公室的显眼处张贴通知："请注意：办事处法规禁止员工从任何办公商务中心接受消费。"④

按照司法处理机制，如果审查员认为有其他潜在的权利主张或冲突，或其他利益主体，皆需在颁发证明书前通过诉讼程序来解决相关问题。⑤ Edward H. Cushman 根据美国统一土地登记示范法案描述了相关法院的职能情况，设立土地登记法庭以确保产权的清算、登记、转让和保证。在法院的指导下，这些法庭的书记员经授权组成产权过户登记机构，发送传票并接触各自社区的法令，对产权进行登记并颁发证书。法院有权委任律师作为产权鉴定人去调查登记记录，调查所有在诉状中所述的事实或在任何情况下通知法院，并向法院报告其产权登记的调查结果和事实认定。⑥ 在司法程序下，最初的产权登记并不是一件简单的事

---

① Thomas J. Miceli，Henry J. Munneke，C. F. Sirmans，Geoffrey K. Turnbull，Title Systems and Land Values ［J］. The Journal of Law and Economics，2002 （8）.
② 祝国瑞. 土地登记制度的经济分析 ［J］. 中国土地科学，2004 （6）.
③ See United States v. Gannon，684 F. 2d 433 （7th Cir. ）.
④ Gannon，684 F. 2d at 435.
⑤ John T. Hassam，Land Transfer Reform：The Australian System ［J］. Harv. L. Rev.，1891 （4）：274 – 275.
⑥ Uniform Land Registration Act，16，9 U. L. A. 227.

情，其程序通常可以和确权性的诉讼程序类似。① 而在产权登记人死亡的情况下，托伦斯登记部门也需要启动一个独立于任何遗嘱程序的简易司法程序，以确定产权的继受。②

美国托伦斯制度对行政权的司法改造，虽然一定程度上消弭了对其核心机制的非议，然而当大量类型化的相关土地诉讼压向法院时，他们也往往不得不对司法程序进行一些简化的改造，以便能应付相关的事物。然而允许法庭在没有实际通知所有可能遭受权利损失的人的情况下，确定所有权归属之做法的程序正当性问题饱受非议。"加利福尼亚的很多判决，甚至完全基于一个鲜为人知的报纸上的通知就剥夺了真正的产权人的权益，从而导致实际拥有财产人的权利被不明的授予（vested）给他人。"③ 不仅如此，在费用方面，众所周知，司法程序意味着更高的成本。美国托伦斯制度探索过程中，通过将产权认证的权力转移给法庭，使得登记过程符合了美国宪法所规定的司法权和行政权分离的要求。④ 但是通过要求所有权登记过程必须经过法庭程序，这一制度与澳大利亚登记制度相比变得更加繁琐，成本也更加高昂。⑤ 有一组数字反映了这一过程的繁琐和成本：马萨诸塞州土地法院 2000 年确认不动产所有权的申请中，46 例得以判决，1137 例未决。⑥ 同时，该州地方法院的诉讼时间表也已被其他 6 万个案子排满，其中的大多数是土地使

---

① Impeachment of Torrens Titles [J]. Harvard Law Review, 1929, 42 (7)：945 – 948.
② See R. G. Patton, Evolution of Legislation on Proof of Title to Land [J]. WASH. L. REV, 1955 (30)：224 – 234.
③ Truth About The Torrens System [J]. Law. & Banker & S. Bench & B. Rev., 1920, 13：160.
④ People v. Simon, 52 N. E. 910, 911 (111. 1898).
⑤ John L. McCormack, Torrens and Recording：Land Title Assurance in the ComputerAge [J] Win. Mitchell L. Rev., 1992, 18：129.
⑥ Land Ct. Dept., Fiscal Year 2002 Statistics—Five Year Case Load Analysis I (available at http：// www. state. ma. us/courts/courts and judges, 2002fiveyear. html.)

用上诉和其他不动产案件。① 可以设想，登记机关的谨慎，意味着几乎是所有的（包括那些哪怕是最好的）产权也必须经过同样的司法程序加以判断（而在市场机制下，产权保险公司则有更灵活的措施对不同风险程度的产权进行分类管理），而当大量需要登记的产权在短期内涌入法院，由此引发的诉讼爆炸和程序负担，必定要消耗高额的成本，尤其考虑到司法程序本身的复杂性和周期性，显然缺乏效率。

综上所述，虽然传统上将托伦斯在美国的失败归结于初始登记费用的高昂，甚至是"律师对该制度的陌生感"和"早期某些既定的利益群体表现出强烈反对，尤其是大部分不动产方面的律师、产权保险公司、抽象的公司、银行和抵押机构"两者的结合，而据说这些人若广泛参与便可从某个体系中获益，② 但大部分人并没有意识到所有权登记制度的质量和安全性或者这个制度所带来的利益并没有看起来的那样多。虽然对于受让者来说，所有权登记可能看起来比所有权记录更安全，问题是这个看起来更安全的表面现象是否能够使相关的费用和困难变得合理。最后还需指出的是，即便我们接受"托伦斯制度对所有权寻求者和检验者来说以较少的花费而为产权提供了更高的安全性"的观点，但仍然需要注意的是，这种性价比优化的背后意味着政府更大的花费和管理上的困难，因而存在着暗度陈仓式的"成本转嫁"现象。③

（三）托伦斯登记体系下强制登记的例外

托伦斯制度要实现其产权如镜像般清晰并不可推翻，必须将登记提

① Charles Szypszak, Public Registries and Private Solutions: An Evolving American Real Estate Conveyance Regime [J]. Whittier Law Review, 2003 (4): 663.

② Student Author, Yes Virginia – There Is a Torrens Act [J] U. Rich. L. Rev., 1975, 9: 319 – 320.

③ William C. Niblack, The Torrens System: Its Cost and Complexity [J]. Michigan Law Review, 1904, 2 (4): 331 –332.

高到一个望尘莫及的高度——将产权效力完全系于登记一身，使其具有"创设"权利的唯一地位。然而非经登记不能创设产权内在地蕴含了一个"强制性"的逻辑，按照这一逻辑，产权人的权益必须通过登记才能获得认可，否则就不能成为"法律上的权利"。应当承认，在制度设计的理想层面，要实现托伦斯制度所追求的目标，确实必须在实践中贯彻这一强制性的标准，并通过强制性标准的高压，迫使游离于登记之外的产权都不得不进入托伦斯登记体系。然而这种强制性来得如此突然和霸道，以至于要在现实中推广必然困难重重。尤其在托伦斯制度推行的早期，考虑到作为新制度在推广过程中所面临的艰难处境，尽管强制性实际上构成了托伦斯制度的核心观念以及基本立场，然而从策略性角度出发，托伦斯制度仍然不得不放下自己高贵的身姿，或者说将其高度强制从而"管制化"的内在治理逻辑深深地隐藏起来，反而打出"自由"的旗帜，以博取公众的好感并推动制度的推广。"托伦斯制度的支持者在意识到反对者一致反对他们的立法建议的时候，提出允许自由转换来安抚他们的对手。"①

托伦斯登记要确保其制度地位，在技术上必须同时建立强制登记以作为其保障。"在统治者和被统治者之间存在广泛的分歧时，统治者可能会独裁，并且以家长式的权威告诉大家什么是对大家有益的。"② 以英国为例，英国长期以来面向托伦斯制度的土地登记制度改革在将登记体制明确界定为"强制"登记之前似乎从未成功过。英国国会甚至认为，强制登记义务的缺失导致土地所有者失去了法律提供给他们的保护。而在英国 2002 年土地登记制度改革过程中，甚至出现通过施加

---

① M. M. Park, IP Williamson, An Englishman looks at the Torrens System – another look 50 years on ［D］. University of Melbourne, 1952.

② Powell Registration in New York Foreword vii 56

"刑事责任"以确保土地登记率的建议。① 正是在如此高调的强制呼声中，英国才实现了 2002 年土地登记制度改革的初步成功。其他国家也存在这种情况，在新西兰，同样是强制性的决心才使其托伦斯制度真正走向了成功。虽然 1892 年第一次试图引进强制登记来应对的尝试（1897 年被英国采用）失败了，但是 1924 年的土地转让（产权强制登记）法令规定了强制登记制度，不到 20 年时间，新西兰的所有未决的产权都被纳入登记。在澳洲，百分之百的土地登记还并未完成。总之，托伦斯曾经设想单纯通过自身优势而征服传统模式的想法被证明是过于浪漫的，"毫无疑问，如果没有了某种形式的强制，在强制登记制度被引进之前，托伦斯体系并不会比英国模式更成功"。澳大利亚新南威尔士州《财产法》修订委员会中期报告（1954）也指出，"通过自愿方式，实行了近一百年的托伦斯体系并没有被证明更加有效"。正是基于这一原因，1967 年新南威尔士州"不动产（产权流转）修正法案"正式引进了强制登记制度。

虽然通过强制手段可以确保有效地提高产权登记率，并"挫败"与之竞争的契据记录系统，然而问题仍然存在。在一个私法世界中，抛弃意思自治的私人理想而动用管制化的治理方式究竟是否符合私法发展的本旨？这仍然是一个需要深入研究的问题。"强制登记尽管会促使托伦斯登记的广泛应用，但在权衡强制登记的社会或个人利益与其成本之后是否仍有正当理由，政策上是否可行，依然没有答案。"即便在托伦斯体系内部，有人在回忆起这一制度早期所秉持的自愿化立场时也感慨道："托伦斯出了什么问题，迫使旧体系下的所有者去接受其好处的原

---

① 在英国《土地登记法案》的国会辩论阶段，有一个提案要求对在 2003 年 12 月 30 日之前没有对他们的合法利益进行登记的人强加以刑事处罚，不过该法案中包括的上述处罚条款并没有获得通过。See House of Commons Parliamentary Debates, 13 December 2001.

因何在？"而在美国，由于宪政原则的限制，试图推行强制登记的想法从来就没有获得过成功，"在每一部美国法令中产权的登记是自愿的，土地所有人没有义务让自己的土地符合法律条款"①。

（四）托伦斯登记的内在统一要求与现实分散之困

托伦斯制度的良性运行必须建立在统一的制度架构基础之上，即制度建构的统一性。而建立一个统一的中央产权交易信息系统是确保托伦斯制度得以高效运行的重要保障之一②，托伦斯制度的这种统一性必须通过政府行政权力运筹方能实现。一方面，托伦斯制度本身就是以"权力"为制度架构中心和运行基础，另一方面，与传统的公共登记和私人登记不同，除非政府公力介入，否则统一登记的目标很难实现。

虽然托伦斯登记在诸多国家获得认同和推广，但在具体的制度统一性建构方面，却并未取得显著的效果。由于建立统一登记制度意味着高额行政成本，而托伦斯制度推广的法域往往以联邦制为主，政治结构上缺乏统一性，这为托伦斯制度的统一化制造了不少的麻烦。加之在制度推广的早期，为了尽量实现制度扩张，与强制登记立场的放弃一样，大部分托伦斯法域在最初并没有坚持制度设计的统一性。迄今为止，"单一的、统一的、全国范围的土地权利登记制度"仍然是托伦斯制度实施过程中的一个难以解决的问题。③ 以澳大利亚为例，目前在澳大利亚各州（区）都有自己独立的登记系统，以至于有学者感喟到："我们处

① James H. Brewster, The " Torrens Acts": Some Comparisons ［J］. Michigan Law Review, 1903, 1 (6): 444 –465.
② Dean Arthur R. Gaudio, The Emergence of Electronic Conveyancing, See Joyce D. Palomar, Rufford Guy Patton, Patton and Palomar on land titles, 3rd, Thomson/West ［M］, 2002. chapter15.
③ M M Park, IP Williamson, An Englishman looks at the Torrens System – another look 50 years on ［D］. University of Melbourne, 1952.

于国家市场及共同的认知环境中，然而却运行着八种不同版本的托伦斯制度。"① 而在加拿大，尽管产权登记制度在太平洋和渥太华河之间的省份得以推广，但联邦制国家各省的土地管辖权会以一种不规则和不均衡的模式得以适用。每个省和地区都有自己的适用所有权登记制度的途径和模式，从而引发了相关立法统一化的辩论。②

上述有关制度统一性差异，对其制度效果影响的分析显示，制度设计的不统一严重制约了其制度绩效的发挥。有学者呼吁："澳大利亚是一个国家，我们需要一个基准，一个测量代码以及一个土地登记机构。"③

（五）托伦斯统一赔偿基金的运行障碍

登记制度的分散化不仅影响到其制度效果的发挥，在更严重的情况下甚至还可能导致制度的崩溃。以赔偿基金为例，在托伦斯制度下，产权登记人一旦因证书风险而丧失了权利，其唯一的追索权（recourse）依靠是根据法律产生的保险基金（assurance fund）④，然而由于登记错误引发的赔偿可能数额巨大，因而基金的良性运行本身希望有一个巨大的"资金池"，显然，只有当制度覆盖的范围较大的情况下，才能有效地筹集充分的基金。因此，尽管由于索赔的迟滞性决定了制度运行初期

① S. Birrell, J. Barry, D. Hall, J. Parker, Is The Torrens System Suitable For The 21st Century?
② Greg Taylor. The Law of the Land: The Advent of The Torrens System in Canada [C]. Toronto: Osgood Society for Canadian Legal History, 2008: 256.
③ S. Birrell, J. Barry, D. Hall, J. Parker. Is The Torrens System Suitable For The 21st Century? [M]. NZ Australia Cadastral Conference, 1995: 14–46.
④ see State ex rel. Douglas v. Westfall, 85 Minn. 437, 443, 89 N. W. 175, 177 (1902).

往往还不会遇到严重的基金危机①，然而对于托伦斯的支持者对于保险基金措施（assurance fund provision）过于乐观的态度，有学者不无担忧地认为"这些钱显然不足以弥补登记权人的损失"②。实际情况也的确如此，在分散制模式下，有的托伦斯法域由于覆盖范围狭窄，产权登记率不高，以至于基金的维系如履薄冰。1937 年，当整个加利福尼亚州的人寿保险基金因一个赔偿诉求而入不敷出时，人们对加利福尼亚州托伦斯制度的信心动摇了③，接着 1955 年，加利福尼亚州的托伦斯法案撤销了。④ 保险基金不足的情况并不局限于美国，澳大利亚也遇到同样的困难。为了克服产权基金的危机，马萨诸塞和北卡罗来纳规定：如果保证基金不足以应付赔付，可以获得公共财政的补贴，以弥补公共基金的不足。伊利诺伊州和内布拉斯加州的保证基金条款中，则暗示如果资金枯竭可通过信贷弥补差额，不过后者的规定被法院认为违反了宪法修正案的正当程序条款，而加利福尼亚和纽约的宪法明确规定禁止给予公共基金贷款或资金注入，因为产权赔付涉及的是私人事务。⑤ 而在有的托伦斯法域，基金不足的克服则采取了"内向型"的方法，例如在马萨诸塞州，除非损失完全是由登记员的过失造成，那么对该基金的申请则必须在与另一私人当事人的诉讼之后才能提起，即必须在提起基金赔

①　美国的情况显示，1936 年年底马萨诸塞州的保证基金约为 25 万美元，而损害赔偿支付只有 2300 美元。1937 年伊利诺伊州库克郡的赔偿基金为 45 美元，而彼时的保险赔付为 1.7 万美元。而纽约州截至 1937 年的基金总额为 1604 美元且尚未发生实际赔。Edward H. Cushman, Torrens Titles and Title Insurance［J］. University of Pennsylvania Law Review and American Law Register, 1937, 85（6）：589－612.

②　Truth About The Torrens System［J］. Law. & Banker & S. Bench & B. Rev. , 1920, 13：160.

③　See Gill v. Johnson, 69 P. 2d 1016（Cal. Dist. Ct. App. 1937）.

④　Land Title Law, CAL. GOV'T CODE, foil. § 27297. 5（West 1988）, repealed by 1955 CAL. STAT. ch. 332, § 1.

⑤　Edward H. Cushman, Torrens Titles and Title Insurance［J］. University of Pennsylvania Law Review and American Law Register, 1937, 85（6）：589－612.

偿之诉之前"穷尽其他补救措施"①。同时申请该基金还存在着时效期限。②

　　而在澳大利亚新南威尔士州，当被问到保险金的状况时，常常会得到一个沾沾自喜的答复，"在过去 20 年，甚至 30 年来没有哪次请求能成功得到保险基金"③。这导致当时人不得不转向私人产权保险基金（privately – funded title insurance）。④

　　综上所述，与托伦斯制度原初设想的理想化状态相比，现实中的托伦斯制度远远没有那么美好，甚至可以说是处处碰壁，以至于有学者不无烦躁地指出："没有一个国家能证明它的成功运行，恰恰相反，它产生了一系列的可怕的失败。"⑤

---

①　Mass. Gen. Laws ch. 185 § 101.
②　在马萨诸塞，这一期限为 6 年。See Mass. Gen. Laws ch. 185 § 108；Minn. Stat. Ann. § 508. 79.
③　Theodore B F Ruoff. An Englishman Looks at the Torrens System ［M］. Law book Co.，1957：13.
④　See Peter J Butt，Land Law ［M］，5th Ed. Lawbook Co.，2006：803.
⑤　Truth About The Torrens System ［J］. Law. & Banker & S. Bench & B. Rev. 1920，13：160.

第七章　德国法的走向：形式主义的传承、固化与评价

对物权变动制度演进的一般规律的抽象预测表明，物权变动制度将沿着古典形式主义、意思主义、对抗主义的路径进行发展。然而逻辑上的分析，所得出的毕竟不是一个完全普适性的规则图景，它既没有也不可能包括和涵盖真实历史世界中的偶然和必然的多种混合因素的影响。当我们将有关模式理论考察的目光投向人类社会的真实历史实践场景时，所看到的却是一幅并非完全不同却相当复杂的景象：从古罗马——日耳曼以降的 2000 多年间，尽管早期的物权观念和逻辑预设下的简约物权高度吻合，但在迈向现代物权的漫长历史时空中，物权变动理论在作为世界法系两大支柱的普通法和大陆法的历史河流中，却沿着完全不同的轨迹蜿蜒而行。普通法在经验哲学实践的引导下、法国法在自然法思想以及自由主义精神的支撑下最终都迎合了物权演进的基本规律，成为物权变动模式演进的主流派系，而德国法则在抽象历史哲学、科学理性主义以及政府过度干预理论的牵扰下陷入了形式主义的危机，从而远离了制度演进的理性化轨迹。

一、德国法在占有委托领域的形式主义倾向

（一）德国法上占有委托的制度起点——日耳曼法

正如 Heosler 所言，动产追及的必要前提是自己的占有之不法侵夺，在委托物受侵夺的情形下，由所有人的角度看，其失去占有并不具有作为动产追及的不法行为性质，因此不能追及。在古日耳曼法上，诉讼形式不发达，无所有权诉讼，所有的诉讼均以占有侵夺的不正当为中心而发生的，故而占有的不当侵夺是返还发生的（唯一）原因，人们不能基于抽象所有权受侵害而提起诉讼，在基于自己的意思脱离物之占有而委诸他人占有的情形下，代理占有者的占有被侵夺，尚不能谓为对委托者占有的侵夺，因此，权利人无法向第三人追及。[①]

日耳曼上 Gewere 体系下的物权观，为德国物权法奠定了历史的源头和制度成长的基因。正如恩格斯所说的，"日耳曼的法律，即古代的马尔克法律、马尔克制度，是整个德意志法的基础"[②]。德国物权与日耳曼法的这种血脉关联作为德国法的一大特色，是我们必须给予充分关注的。在日耳曼法传统的影响下，加之后世历史法学派对民族精神的褒扬与继承，日耳曼法时代的物权理念直至今天仍然深刻地影响着德国物权法制的性格，尽管其表现为一种隐藏的形式。

（二）德国法上善意取得制度的起源——德国普通法时代

中世纪后期，经由德国后期注释学派的诠释以及大学课堂里的传

---

① 孙鹏. 物权公示论：以物权变动为中心［M］. 北京：法律出版社，2004：351.
② 转引自陈华彬. 外国物权法［M］. 北京：法律出版社，2004：2.

播，罗马法知识在德国全境普及开来，这就是所谓的罗马法的继受运动。被继受的罗马法一跃成为适用于德国全境的法，史称普通法。虽然德意志境内各都市"照单全收"地继受罗马法，①但这并不意味着日耳曼法完全消失下的私法全盘罗马化，相反，所谓的德意志普通法背景下的罗马法继受，实际上准确地说是在日耳曼法基础上的对罗马法的吸收。

在罗马法的影响、城市经济的推动以及交易秩序的需求下，德国占有委托下的物权保护制度的变化集中表现在两个方面：一是早期事实性日耳曼物权的观念化，即所有权开始表现出脱离占有而独立存在的倾向，有了所有权这一法基础，所有人不仅可以追及，且追及力来得异常强大；二是观念物权下对物权追及制度的重新限制，这一限制的主要表现就是对第三人主观样态的观察。这一观察意味着，仅在取得者为善意的场合，物地追及才受限制，这样占有取得之态样进入了法思想的视野而日渐受重视。②由此，从"无权利人处取得财产"的善意取得制度开始产生。③

（三）德国晚近以来有关占有委托物权保护制度的立法表现

近代意义上的善意取得制度的法律确立在德国法上大致经历了如下的步骤。

在德国统一以前，1756 年的《巴伐利亚民法典》、1794 年的《普鲁士一般邦法》、1811 年的《奥地利民法典》、1863 年的《萨克森民法

---

① 肖厚国．动产善意取得制度研究［M］//梁慧星主编．民商法论丛：第 13 卷．北京：法律出版社，1999：42.

② 肖厚国．动产善意取得制度研究［M］//载梁慧星主编．民商法论丛：第 13 卷．北京：法律出版社，1999：42.

③ 陈华彬．外国物权法［M］．北京：法律出版社，2004：15.

典》等，在善意取得问题上虽有反复，但从总体上都体现出一定程度的保护交易安全的倾向。①

19 世纪以来，在德意志诸邦的立法潮流中，有关善意取得的规定较为活跃。1811 年，《奥地利一般民法典》第 367 条规定，动产的善意占有者通过公开竞买取得其物，或者经由交易从有资格的营业者处取得，或原告自己使用保管其物，或者如果能证明他是为了其他目的由委托者处取得，则所有权诉讼无由产生。普鲁士法也放弃了对占有样态（即占有委托和占有脱离）的区别，原则上承认物之追及的可能性。用不诚实的方法，或者自可疑者，或者虽为善意但无偿而取得者必须无偿返还。倘使从"非可疑者"通过有偿的契约而取得者必须无偿返还，在返还的同时，得请求所有人为一切支出补偿。在大市场，或自官厅许可的经营同种物品的卖方而买得者，得请求买卖价金的支付而为返还。但该法 25 条例外规定，自国库或者公开竞买的场合取得物品、由商人的店铺取得物品、金钱及无记名证券的善意取得者无须返还。

至德国民法典制定之际，由于交易的兴旺与繁盛，现实中因而具有了重视交易的一般倾向。德国民法第一草案认为，在让与人非物的所有人的场合，取得者于取得之际不知此一情事，且其不知并非出于重大过失，则他因此取得受让物的所有权。经过了复杂的历程，善意取得制度终于在 1900 年的《德国民法典》中确立起来了，该法第 932 条规定："依 929 条所为的让与，其物虽非属出让人，取得者仍取得所有权；但取得者在依本条规定取得所有权当时非善意者，不在此限。"② 第 932、934、935、1207、1208 条都涉及了善意取得制度。从体系安排上看，《德国民法典》将善意取得作为一种独立的物权取得方式，规定在第三

---

① 陈华彬. 物权法原理［M］. 北京：国家行政学院出版社，1998：404.

② 肖厚国. 动产善意取得制度研究［M］//载梁慧星主编. 民商法论丛：第 13 卷. 北京：法律出版社，1999：45.

章所有权的第 3 节"动产所有权的特殊取得方式"里。这表明德国物权法关于善意取得的认识已经超越了罗马法以来的时效理论。

（四）德国善意取得的制度概观

如上所述，至《德国民法典》制定之际，交易关系与交易观念已经相当发达，故法典明确规定了善意取得制度，"并达到了当时世界各国有关同类问题立法的最高峰"①。但这只是形式主义法学者局限于德国法系的评价，在比较考察的视野下，笔者认为，对于德国法上的善意取得制度还应该从以下几个方面进行认识。

1. 在形式主义模式主流理念的笼罩下，德国民法未能在主客观统一的层面上完成公示视野下的善意取得理论解释

善意取得的制度解释存在明显的局限性，不仅没有明确提出物权公示表象的多样化理论，也没有将主客观认定联合考察。尽管德国模式下作为形式主义原则表述的公示公信往往也闪烁其词地谈到第三人的"善意"，但由于其并没有给善意一个明确的解释，所以非但没有在真正意义上赋予善意的多样化客观内涵，相反导致了对"善意"本质的误解——直至当下的形式主义物权变动模式理论中，将"善意"误解为形式主义公信原则，仍然是一种普遍性的观点。

2. 德国的善意取得制度仅局限于动产

通常认为，不动产无由适用善意取得。德国法系现代形式主义实际上主要体现在不动产上，这似乎也是形式主义者更倾向于将其物权变动规则转移或局限于不动产的原因。

3. 德国的善意取得制度对善意的要求过高

德国民法的立法解释认为，善意取得中的善意意味着第三人无

---

① 肖厚国. 物权变动研究［M］. 北京：法律出版社，2002：354.

"重大过失"，这种善意认定标准的严格，使得德国法上的动产善意取得制度无限贴近日耳曼法的"手护手"原则，或者说二者之间并不存在一个遥远的距离。这实际上也反映了在日耳曼法的传统上，德国法有关善意取得的制度设计更多的仍然是对日耳曼传统法制的坚守，在面向现代的制度进程中，德国法上的善意取得制度并未走出多远。

4. 特别强调外观理论在善意取得制度机理中的地位

这一观点同样与日耳曼的古典法传统一脉相承。尽管如上所述，德国中世纪以来的物权受到了日耳曼法、罗马法甚至教会法等的冲击和影响，但实际上，在德国物权法演进的历史长河中，日耳曼法始终占据着主流地位。不了解德国物权法演进中的这一特色，就无法理解德国当代物权法的内在历史与民族性格。

基于此，有学者指出，德国民法具有强烈的"固有法""土著法"色彩。并且，在这一点上，德国物权法表现得尤其明显。德国物权法相当多地承袭了德国固有法——日耳曼法的内容。而终日耳曼时代，日耳曼人对于血缘和地缘的信念，均异常炽烈、牢固。这种对于血缘和土地的情愫，在以土地为基础的封建的中世纪时期，以至罗马法复兴时代，也一如其旧，未有改变。德国现行物权制度，相当多地继承了其流传。尤其需要提到的是，日耳曼法对德国物权法的这些影响，最终造就了近现代大陆法系物权法的特色。① 这些影响中最为典型的一点就是占有（Gewere）观念的影响，这些观念对于德国民法的物权编产生了直接的影响，以至于德国民法典物权编明定了不动产物权依登记、动产物权依占有的公示原则，以及信赖公示的人将受到保护的公信力原则等。②

---

① 陈华彬. 外国物权法［M］. 北京：法律出版社，2004：23.

② 〔日〕于保不二雄著，高木多喜男补遗. 德国民法Ⅲ（物权法）［M］. 有斐阁，1995：6－7；转引自陈华彬. 外国物权法［M］. 北京：法律出版申，2004：23.

二、德国法在正向合同领域的形式主义
物权变动制度倾向

（一）德国现代物权形式主义模式的形成

1. 德国法的日耳曼法基因及其在德国民法典中的体现

德国的历史最早可以追溯到日耳曼时代——不了解作为德国历史的日耳曼传统，及其在德国民法形成中的作用与体现，就无法了解德国民法上的物权变动模式的特殊成因，因此研究 1896 年以前的德国物权制度与物权观念，需从日耳曼时代的日耳曼法开始。

就物权及其变动制度而言，如前文所述，体现在日耳曼法上最突出的便是其占有（Gewere）制度。日耳曼法只从外在的利用上把握一切关系，并无抽象的观念化的观念。物权关系的存在及其内容均从外部加以把握。即动产物权依对动产的"持有"而定，不动产物权依"利用"而定。这种对于物的外在的支配关系，便是占有。占有，因此成为物权的一种表现方式，具有公示性，权利被包裹于占有之内，并借占有而获表现，故又称为"权利的外衣"。因而日耳曼法的占有，乃有权利推定的效力（Verrnutungswirkung）、权利移转的效力（Translativwirkung）和防御的效力（Defensivwirkung）。①

显然，日耳曼法的占有制度主要是侧重实际把握的事实层面理解物权，这种极端古典化的物权观念，在漫长的以农业为中心的中世纪早期

---

① 陈华彬. 外国物权法［M］. 北京：法律出版社，2004：23.

始终未发生显著变化。① 而直至 15 世纪中叶，德国境内的法律仍然在事实上秉承着日耳曼法的传统，尽管 11 世纪以来的罗马法复兴运动同样深刻地影响着作为欧陆中心的德国，并且以磅礴的气势形成了覆盖德国全境的德国普通法，但城市法和地方性法律（尤其是日耳曼体系的法律）在事实上罗马法为重，并被优先适用。

2. 罗马法运动下的德国物权变动模式原理演进

公元 11 世纪以来，作为"三 R"运动之一的罗马法复兴，深刻地影响了欧洲大陆，在这一背景下，德国也受到了罗马法的强大的影响。在物权变动问题上，罗马法倡导以交付作为物权变动中心，同时又承认交付之外的合同在物权变动中的作用，这一观念在德国法上也产生了相应的影响，并逐渐构成了主流地位，这典型地体现在 18 世纪末的普鲁士和奥地利民法典中。

早在 1803 年至 1804 年的冬期讲学中，对于物权的移转，萨维尼也持与格鲁克大致相同的"取得权源"和"取得方式"的见解。但在 1815 年至 1816 年的冬期讲学活动中，他则一改从前的立场，根据萨维尼的学生威廉·费尔根特雷格的听课笔记，萨维尼在此间的讲学中说：

"某人给予乞丐一枚金币的场合，从何处能找到其正当的原因呢？这里只有唯一的事实，即金币的交付，此外再无其他事实。在这里，无论契约还是别的其他东西都是没有先于交付的行为而存在的。……只是事实上的交付使金币的所有权发生了移转。……受赠人即乞丐之所以成为金币的所有人，端的在于赠予人的意图，而不是别的原因。因此我们应当称之为正当的原因的。是打算依交付而移转金币的所有权的所有人的意思。……交付，就其性质而言，是一个真正的契约；正当的原因，

---

① 这一时期的德国物权主要延续了古代日耳曼物权制度，陈华彬. 外国物权法 ［M］. 北京：法律出版社，2004：27.

不折不扣地指的正是这个契约。但它不是债权契约，……而是物权契约、即物权法上的契约。"

在对保罗的法言进行解释时，萨维尼指出：

保罗的法言，是只字未提到债权债务关系的。而且，实际上也无债权债务关系的任何影子，而只有交付。"正当的原因"的真正的意义，不如说应当做这样的理解：交付，通常可以基于各种各样的目的为之。例如，出租、寄存和以物设定质权等……因此可以得出这样的结论：交付，是依当事人双方的意思的合致而使所有权移转的。无该意思的合致，标的物的所有权便不移转。所谓 justa causa，"除指移转标的物的所有权的意思（der animus transferendi dominii）外，别无其他东西。"[《现代罗马法体系》（Ⅱ）第 258 页]。换言之，所谓 justa causa，非指"买卖""赠与"关系，而是指双方当事人通过合致的意思而移转标的物的所有权，即指"移转所有权的意思"，系内蕴于 Traditio 中，即 Traditio 本身便是一个以移转标的物的所有权为内容的物权契约。①

至此，独立于债权契约的物权契约概念得以形成。出于 Traditio 本身便是一个以移转标的物的所有权为内容的物权契约，系超然独立于债权契约而独立存在，故如果出卖人依有效的 Traditio 而移转标的物的所有权时，即使其出让标的物的所有权的动机存在瑕疵（或动机有错误），标的物之所有权发生移转的效力也不受影响。出卖人仅可依 condictio sine causa（不当得利的返还请求权）等，诉请返还。

不独如此，萨维尼还将物权契约、债权契约的无因性思想，贯彻到其倡导的"错误理论"中，指出：错误，最广泛、最经常地发生于债

---

① 以上萨维尼有关物权行为的表述参见陈华彬 . 外国物权法［M］. 北京：法律出版社，2004：23.

权契约及依其固有性质仍属于契约范畴的场合。但在这些场合，无论该错误为有责任的错误还是无责任的错误，事实上的错误还是法律上的错误，原则上均对物权契约和债权契约的效力不发生影响，基于错误的买受亦是不能取消的买受，基于错误的 Traditio 亦是完全有效的。①

这样，萨维通过解释将交付以及登记理解为一个包含，确切地说只有交付和登记中才能包含物权合意的物权行为。作为一个既包含物权合意，同时又具有公示机能的物权变动环节，显然，单独的交付即充分完成了物权变动的所有要求，这必然要求同时完全否定交付之外的契约的物权变动机能。而在交付之外的契约客观存在，即物权变动客观的表现为两个环节的前提下，对交付的物权变动完整功能的制度表达，也就成了否定契约物权变动效力的无因性理论。后来，德国民法典创制过程中，明确采纳了物权行为的无因性理论。德国民法第一草案表明：

在本草案上，物权行为主要是在关于其固有目的的范围内被规定的。物权行为，因为是以直接引起物权的发生、移转、消灭为内容的行为，所以只要当事人表示了面向这些目的的意思，就要求有与之相应的单个物权行为的内容。物权行为必然是无因行为。

3. 德国无因性理论成因之逻辑分析

以上围绕罗马法言的解读，从理论发生学的角度分析了德国物权行为无因性理论的成因，但实际上，所谓法言解读仅仅是理论形成的一个表面问题，在根本意义上，德国无因性理论是一个理念型物权和实质性物权的观念错位导致的一种扭曲表达。

取得权源加取得方式这样一个物权变动模式演进的转折点，本身蕴涵着对物权变动过程的矛盾认识：它一方面在前物权变动结构中坚持以

---

① 萨维尼. 现代罗马法体系（Ⅲ）［M］. 北京：354；转引自陈华彬. 外国物权法［M］. 北京：法律出版社，2004：23.

交付为物权变动原因和标志，另一方面又在后物权变动结构中表达了以交付之外的契约作为物权变动标志的立场。如果仅从逻辑的角度来看，为了实现制度的和谐，一种方法是彻底否认交付之外的契约效力，使物权变动回归到简约物权变动结构下；另一种方式就是彻底承认交付之外的物权效力，将交付仅作为物权变动的公示。然而德国法则既承认了交付之外的物权变动契约在物权变动中的实质性法律效力（但不给其物权性名分），另一方面又将交付重新视为物权变动契约（但又无法说明物权合意何以只能处于交付之中），从而导致了新的矛盾，并经由无因性问题表现出来。

三、德国物权变动形式主义模式的结构成因、制度表现与思想根源

前文对世界各国物权变动模式的历史考察与比较分析表明，从世界范围内来看，大陆法国法系和普通法系基本上都实现了从简约主义到公示对抗主义的理性化制度变迁，而德国法系则逆物权变动模式演进的基本规律，走上了一条完全相反的形式主义道路。众所周知，近代以降的德国民法以形式主义为其显著特征①，这一点学界几无异议。在这样的历史传统语境下，物权形式主义成了物权法的当然性格从而陷入"形式主义"之中。然而一旦离开物权法乃至民法领域再谈形式主义时，我们发现，在方法论的语境中，"形式主义"其实并非一个充满诱人光环

---

① 有关德国法上物权形式主义的历史及其知识谱系的论述，参见常鹏翱. 物权法之形式主义传统的历史解读 [J]. 中外法学，2004（2）：54.

的褒义评价，而是一个备受指责的贬义描述。① "形式主义的方法是按照事物的外部标志来分类，而不是按照事物的内部联系来分类……形式主义的方法幼稚、低级、庸俗、不动脑筋，我们必须揭破它。"② 形式主义在一般哲学话语分析中的反面色彩表明，纵使我们对物权法的形式主义保持着高度的崇拜与迷恋，对于这样一个不寻常的"主义"的获得，仍有必要进行一个基本的反思。

（一）物权变动的逻辑结构与形式主义的关联

如前所述，物权变动结构从类型上大致可以分为古典的简约型物权变动和现代的复杂型物权变动两种模式。在古典型物权变动模式中，物权变动以交付为中心，在单一化的交付构成了物权变动全部环节的条件下，物权合意蕴含于交付之中，从而一个交付既是蕴含物权合意的物权行为、物权合同，又是物权变动双方当事人藉以向世人进行表彰的唯一的公示方式。这样，在一个以交付为中心的物权变动结构中，尤其是抽象的交付具体地表现为特定言辞、行为、象征物等仪式化的古典历史场景中，如果我们侧重于外在的形式角度去把握这种物权变动模式，无疑会获得强烈的形式化印象。但即便如此，即使在以上所述的形式主义物权法传统中，将古典物权变动模式称为形式主义模式的观点却也并不多见。③ 相反，形式主义实际上是在物权变动模式进入复杂型模式之后，

---

① 尽管在德国法系的氛围下，形式主义曾经放射出耀眼的光芒和强大的震撼力。但是跳出民法的范畴，对于我们长期以来在民法，至少是在物权法领域对"形式主义"这一用语所表现出来的崇拜和好感所折射出来的特殊文化现象，却同样不能不引起我们的深思。

② 周显信，热合木江·巴拉提. 形式主义的两种命运——从计划经济体制到市场经济体制 [J] . 伊犁师范学院学报，1995（2）：6.

③ 相反的见解见常鹏翱. 物权法之形式主义传统的历史解读 [J] . 中外法学，2004（2）：54.

围绕复杂性结构下的相关要素在物权变动中的功能解读中产生的与意思主义相反的道路。

（二）复杂型物权变动模式的功能解读视角——形式主义的生成

1. 物权变动过程中的内部性问题与外部性问题

在基于合同的物权变动中，一个物权变动的全部过程需要解决两个问题：一是双方当事人之间的物权变动意思合致问题，即物权变动模式的结构设计，要能够满足保障双方物权意思合理运行；二是要满足变动中的物权对外公示问题，即让他人知悉物权变动过程，以便与变动中的物权建立和谐的权利存在秩序。为方便起见，我们将前者称为物权变动的内部性问题，其关注的核心在是当事人之间的意思理论，对应的后者，可称为外部性问题，其关注的核心是公示意义上的外观理论。

2. 理性模式原理下的内部性和外部性问题的解决

在古典模式中，物权变动的结构简约性，使得所有问题在一个交付中全部得到了解决，换言之，古典模式将内部问题和外部问题集中到一个交付中同时解决，交付既是意思真实性的保障，又是公示性的保障。

而在复杂型模式中，物权变动由一个单纯的交付裂变为两个要素：书面或口头意义上的契约和交付（登记，下同）。物权变动结构要素的二元化随之带来的问题是：如何认识上述要素在物权变动中的各自功能？按照前文的理性分析以及法国法和普通法的成功实践，此际，物权变动的两个环节各自担负了不同层面的功能：契约作为物权变动合意的形式载体，其所解决的是物权变动中的内部问题；而交付作为形式性因素，其所解决的是物权变动过程的公示问题。因此，契约和交付在物权变动过程中各司其职，没有有效的物权变动契约，仅有外在的交付，物权不能发生绝对变动，除非第三人构成善意；只有物权变动契约，没有交付，不影响内部契约的效力，物权固可在内部发生变动，却往往难以对抗善意第三人。由此可见，在理性的公示对抗主义模式下，契约和公示分属物权变动过程的不同层面，分别解决着不同的问题。公示对抗主义以契约解决物权变动的内部性问题，以公示解决物权变动的外部性问题的处理模式，蕴含了一种辩证的思想，经由这种辩证处理，物权的内部变动和外部变动问题实现了秩序的和谐构建。

3. 围绕复杂型模式理解的制度偏离——形式主义的生成

在复杂型二元模式中，理性的辩证观是在各自作用范围的意义上，界定契约和交付的物权变动机能。而德国的进路过分看重交付和登记在物权变动中的作用，相反过分忽略契约在物权变动中的地位，单纯从交付和登记出发，认为只要并且只有交付是物权变动的中心，没有交付一定不能变动物权，有交付就一定能够变动物权，除此之外，没有其他因素。这种以外部性代替内部性，仅从形式出发把握物权变动的做法被称为"形式主义"。在这里，"形式主义"多少是由于或者说侧面说明了其对物权变动意思的不应有的忽略与排斥。它假定所谓的交付或登记作为一种合同——物权合同，包含了物权变动的合意，但实际上这种假定的合意被此外的所谓"债权"合同所抽空了。形式主义实际上也意味着，在形式化的外壳下，实质上却没有包含其所应当包含的物权变动意思内容。这样，在理念层面和实质层面上就产生了严重的分层和脱节现象，"形式主义"的称谓由此而来。而当建立在对契约属性的不恰当否定基础上的另一种努力试图在交付这一按照形式主义的逻辑推论唯一可能的环节中寻求物权变动的合意时，无因性意义上的物权行为由此而生。

（三）形式主义（formalist）模式的哲学根源和社会根源

大凡领教过无因性理论的学者都有这样的体会，似乎没有什么能比物权行为的无因性理论更恰当、更典型诠释了德国人的思维性格，无因性理论具有如此特殊的德国品性，以至于我们无法怀疑，物权形式主义模式一定和德国的某种思想存在着密切的关联。

这种思想就是源自启蒙时代的理性主义、形式理性、体系化思想、价值中立理论、形而上学、法典主义、建构主义、民族主义以及历史法学理论。理性主义倡导将自然科学式的逻辑推理运用到法律的构建中，从而导致了民法理论的显著的体系化思潮、形而上学理论和价值中立理论，成为逻辑建构的体系对实践脱离的最好的开脱。而在浪漫保守主义（Romantic conservatism）缅怀过去（good old days）的氛围中，历史法学理论促进了德国对日耳曼法传统的眷恋，"传统和历史在法律中并不是仅仅作为现代法律进步的一个注脚，相反，传统和历史并没有随着时间而灰飞烟灭，它们被保留到了现代法律中"①。在上述思想的交合作用下，对历史的痴迷与对形式的狂热追求在"形式理性"的光环下成为时尚，逻辑的加工胜过了对实际理性的关注，在价值中立的掩体中，潘德克吞式的法律体系最终形成，而物权行为及其无因性理论则成了形式主义的集大成者。

当形式化的路径由于某种错误而导致规范目的和实际结果之间的鸿沟时，作为理论表达的理念模式与现实模式之间就表现出严重的脱节，从而直接衍生出了私法范畴中的形式主义。在这里，形式主义并非指一种单纯的制度外观化或者刚性的制度理论，而是指法律规则在形式的追求中，最终偏离甚至失去了制度描述的本质。由此可见，德国法上的物权形式主义，实际上是一种多元因素综合作用下的产物，尽管其出发点或许并非完全没有道理，但由于在上述思潮的影响下，其对形式的追求显然超出了应有的限度，从而在"过犹不及"的意义上陷入了形式主义危机。

---

① 谢鸿飞. 萨维尼的历史与政治：从历史法学派形成机理角度的考察［EB/OL］. 中国民商法律网.

第八章　两大法系物权变动制度
不同流向的逻辑比较

一、两大法系占有委托结构下的物权变动制度比较

对两大法系占有委托下的物权保护制度演进脉络的比较考察表明，如果说在古典法时代，共同的逻辑和历史法源起点使得两大法系早期的占有委托制度表现出了高度的趋同和一致，那么，自古典法解体以来，两大法系却沿着不同的方向各自发展形成了不同的制度风格。尽管及至现代，各国大致都建立了善意取得制度，并在制度构成上表现出了一定的相似性，但源自不同法哲学的影响以及由此而导致的制度演进路径、制度结构原理上的差异，仍然是我们必须给予充分关注和重新审视的问题，作为物权变动的制度焦点和理论表达核心，两大法系在善意取得制度上，为我们提供了不同的历史和逻辑描述。

（一）法系分支

从制度演进脉络和背景差异的角度来看，以上的比较考察可以区分为法国法、德国法和普通法三个分支。尽管从上述法系的源头来看，作

为欧洲法的共同属地的特征，使我们都很容易在三者的历史源头中找到日耳曼法和罗马法的基因，但在面向现代法的发展过程中，早期的原始趋同迅速被互异的制度演进路径所取代。德国法在科学理论、理性法学以及历史法学所倡导的民族精神的引导下，高度承继了日耳曼法的内在传统；法国法却在自然法思想的冲击下，迅速摆脱了日耳曼的传统特征并以自由化的思潮奠定了制度建设的基调；而英国普通法则更加纯粹地远离了日耳曼与罗马法的控制，以自由者的姿态最完美地实现了善意取得的制度创造。

实际上，这里针对占有委托——善意取得的考察大致地揭示了上述三法系的基本特征：法国法和普通法虽然在传统的以法之成文与否的分类中分属两个法系，但却在内在的法的精神上呈现出高度的暗合特征，以上关于二者在占有委托——善意取得制度上的趋同，无疑更为这一结论增加了一个注释；而德国法则呈现出完全不同的特征，这远不是一个成文与否所能解释的问题，而对此，我们还远未了解。

（二）制度演进路径

从结构上看，善意取得既考虑到原所有人的所有权保护，又兼顾交易第三人的信赖利益，因而是一个中性制度结构，或曰在原所有人和第三人保护的意义上处于中间法状态。但从制度演进的路径上看，普通法和法国法基本上按照逻辑预设的轨迹，即"简约物权（绝对无追及力）——观念物权（绝对追及力）——绝对追及力修正——中间性善意取得制度"的演进轨迹进行的，最终基本上实现了中间法样态的制度追求目标。

而德国法则在日耳曼法传统的影响下，长期处于事实性物权的制度徘徊状态，坚持简约物权（绝对无追及力）的观点，由于观念物权在德国法上始终没有形成主导性地位（尽管德国法上的物权也实质性地实现了观念化），因此德国法上始终没有出现绝对追及效力时期，这样，面对交易秩序的推动，德国法向中性善意制度的靠拢就形成了"简约物权（无追及力）——善意取得制度"这样一个特殊演进路径，尽管这一路径从逻辑上看并不比前者更远，但由于德国法上的物权观念没有经历观念物权的充分洗礼，因而，坚硬的形式性简约物权在向中性制度靠拢的过程中表现出了强大的制度惰性，以下所涉之德国法上有关善意取得制度的局限性概出于此。

（三）制度本质

善意取得作为一种客观公示公信原则的主观化描述，其本质在于为客观规则提供了一个感性直观的正当性说明模式——因为"善意"，所以优先。善意意味着第三人要对一个物权所表现出来的具有实际公示功能的公示表象给予注意，在表象多元的前提下，主观善意所需要关注的表现，显然不仅仅是"占有"本身，而是在"占有"成为假象的前提下，善意人如何去关注一个真实的物权。

而德国的善意取得制度，虽然摆脱了时效和占有效力的制度局限性，并独立为所有权的取得方法，然而实际上，由于相对于表象多样理论下的中性善意取得，德国法上所谓的"善意取得"以其更加贴近于简约无追及力物权的精神特质，而似乎徒有善意取得之名，而无善意取得之实。因为它看起来无论如何都不像中间法意义上的善意取得，而更像日耳曼古老的"手护手"原则的现代翻版。这从德国善意取得理论阐释上即可观之。

德国民法第一草案立法理由书指出："将己物委托他人后，物从自己手中脱离出去，不再持有，由第三人之角度观察，物属于'他（委托者）'之外的其他人，委托者由此便失却了自己的权利外观，而受托者则取得了权利外观。由于委托者的这种外观创造（受托人之占有表现），纵使取得者不为权利实像的调查，这种不为调查的责任与委托者外观创造的责任相比，委托者的责任程度相对较重，由此保护取得者便符合公平理念。"①

保护占有，在大多数情况下，即保护了所有权，在这种情况下，占有极为有用，且是可以证明的；缺乏占有，所有权的证明将是不可能的（如不保护占有，那就不得不无休止地去追溯所有权转移的链条，所有权将永不稳定，这将是一个"恶魔的难题。"）②

作为"手护手"原则居于主流地位的解释论——外观理论认为，委托物之追及限制，其根据在于占有的处分权效或外观效力。占有的这种外观效力体现为占有者被推定为权能保持者，且该推定在大多数情况下甚为合理。③

显然，这里所坚持善意取得的制度理由与日耳曼之"手护手"原则如出一辙。在这一意义上，可以说德国法上的善意取得在某种程度上还只是一个梦想。而在现代意义上坚持古典日耳曼法的简约物权规则，也使德国善意取得制度颇受指责。

（四）制度起源认识

以上对善意取得制度确立的历史考察表明，近代以来的善意取得制度，是经过"激烈的观念碰撞和痛苦的制度冲突"之后形成的一项复杂的制度设计，其在普通法和法国上的最终奠定才不过是 20 世纪中期的事情。

---

① 肖厚国. 物权变动研究 [M]. 北京：法律出版社，2002：355，44.
② 参见耶林（R. von Jhening）《所有权保护的根据》《占有中当事人意愿的作用》等。转引自尹田. 法国物权法 [M]. 北京：法律出版社，1998：162.
③ 孙鹏. 物权公示论：以物权变动为中心 [M]. 北京：法律出版社，2004：332.

而在德国法系，观念物权以及与之相应的物权表象多元、效力层次理论的历史缺失，无疑意味着他们在真正的善意取得制度确立的路程上，还远远望不到制度成功的尽头——如果我们对他们在善意取得制度起源上的当下认识稍加注意的话。

由于建立在表象多元基础上的中性善意取得制度被误解为表象一元下的简约规则，所以，尽管有学者明确指出了现代善意取得制度与物权无追及力的古典简约规则之间的截然差异：

在"手护手"原则下，委托他人占有者之所以不能向第三人请求物之返还，乃因其缺乏权利的"外观形态"。第三人之所以受保护，一方面是原所有人对第三人不得请求返还之效果反射，另一方面则是因Gewere之权利推定作用，至于第三人是否恶意，则在所不问。此与建立在观念所有权基础上，基于第三人善意，借助占有公信力直接切断原所有人之追及权，并从根本上消灭其权利的善意取得制度尚不可同日而语。①

但德国法系的学者将其所谓的"善意取得"的制度起源归因于日耳曼法的也可谓大有人在：

倒是代表典型农业社会的日耳曼法所确立的"手护手"原则，构成了善意取得的历史源头。不过，"手护手"原则的本旨是限制委托他人占有者的追及权，并未怀抱对善意第三人利益的关怀，其对第三人利益之保护可谓"无心插柳柳成荫"。②

"手护手"原则体现了日耳曼法对绝对的物权追及制度的限制，其否定占有委托者向外追及，与现代善意取得制度可谓出于同一思考，故

---

① 谢在全. 民法物权论：上［M］. 北京：中国政法大学出版社，1999：219.
② 孙鹏. 物权公示论：以物权变动为中心［M］. 北京：法律出版社，2004：338.

一般认为近代各国民法之善意取得制度以"手护手"原则为其嚆矢。①

实际上，"手护手"原则与其说反映了日耳曼早期物权法对所有权追及效力的限制，不如说是在观念物权诞生之前的一种更为原始的物权形态的直接表现，对于所有权理论尚未生成起来的 Gewere 体系下的日耳曼物权而言，准确地说，他们根本还不清楚物权的追及为何物。因此，所谓"以'手护手'原则表明了外观优越理论下的限制所有权追及力思想"之说，纯属现代学者在法律考古中的无稽之谈。

（五）善意的判断标准

前文关于善意取得的制度原理分析表明，善意取得作为物权变动客观公示规则的主观化描述，其制度功能主要在于为物权的公示及其经由公示而产生的排他效力规则提供一个更富感性的正当性说明模式——因为善意因而优先。在这一意义上，它只是一个客观公示规则的另一视角的重复阐释。具体到善意的判断，由于主观化的善意恶意本身并不提供说明标准（即使考虑到对恶意的程度划分，例如，轻过失、一般过失、重大过失、故意、恶意等，也必须承认，上述标准仍然需要具体的认定标准），因此，在司法实践意义上，对善意的说明必然需要还原到公示表象的判断上，并经由这种主观到客观的再次回归，实现善意的功能阐释。

而纵观上述三法系有关善意取得的制度解释可知，三者都没有实现主客观对应意义上的善意原理解释。普通法和法国法更注重制度的功

---

① 〔日〕安永正昭"动产的善意取得制度的考察"转引自肖厚国.动产善意取得制度研究［M］//梁慧星主编.民商法论丛：13［M］.北京：法律出版社，2000：34 - 36.在我国，以日耳曼早期物权的典型延伸的"手护手"原则（最多加上一点罗马法的善意表述）作为现代善意取得制度的历史起源的观点也占据了无可争议的主流地位。

效，对制度概念理论探讨稍有淡落。而德国法尽管在概念法学的影响下极为重视理论研究，但在日耳曼形式的束缚下，始终未能实现对单一化形式的突破。从而，在三大法系下，善意的原理解释都是一个相对模糊的话题。

普通法和法国法由于其善意判断实质性地建立在对公示表象多元化的理解上，尽管物权法理论上并没有系统化的善意与表象的多元理论，但基本不影响其司法实践效果。而德国法则不然，德国法一直回避着观念所有权理论，简约（单一）形式性一直是其物权法的内在性格。对古典简约物权的过度崇拜，使德国法一直否认表象多元理论，在这样一个反对表象多元、表象公示差异以及由此而带来的公示层级化理论的整体理论环境下，显而易见，德国法根本就没有客观意义上的公示规则的支撑。相反，在强烈的反多元公示理论——同时又强烈支持物权形式单一、效力绝对的理论背景下，德国的善意取得制度表现出和日耳曼的"手护手"原则的惊人的制度同构性，"善意意味着对占有的信赖""占有推定为所有"。

在上述背景下，关于善意的"程度"性要求就成了一个主观把握的问题，并随着各国物权公示理论的影响而各自不同。出于对多元公示表象的效力认可，普通法、法国法以及受其影响的国家如《日本民法典》等对善意要求相对严格。而德国法则基于对单一化公示表象的维护而将善意限定为非"明知或重大过失"，这一观点为我国台湾民法（修正物权编）所采纳，我国通说也采用此观点。① 毫无疑问，这里对善意认定上的过分松散，表达了对单一化公示表象的维护。

---

① 王利明. 改革开放中的民法疑难问题［M］. 长春：吉林人民出版社，1992：139.

二、两大法系正向交易结构下的物权变动制度比较

对物权变动模式起源的考察表明，在古典模式的意义上，各个法系的物权基本保持了大致相同的样态，从而说明了各国物权观念具有大致相同的制度源头。然而，随着物权观念以及由此决定的物权变动模式的历史推进，不同法系下的物权理念却在各自民族、地域、法传统以及社会思潮等因素的影响下，像古老的河流在漫长的历史时空中蔓延出不同的流向，形成了迥然相异的制度分野。在这样一幅复杂的历史进化图景中，与其说各国的物权变动规则作为固有法的集中体现而表现出各不相同的特征，不如说各国影响物权变动规则理性化进程的因素千差万别，诚如"幸福的家庭都是相同的，不幸的家庭则各有各的不幸"一样。而这样的结果也说明，在制度演进过程中，决定制度基本性格的，既不是历史起点的制度基因，也不完全是社会经济因素的推动，而法律传统影响、形式理性思维、概念主义法学、法律科学主义以及特定民族偏好等偶然和必然因素，也是影响物权变动模式进化路线的重要原因。

按照前文关于物权变动模式演进的基本规律分析，物权变动模式的历史演进可以从物权观念、物权行为以及宏观层面的物权变动等多维视角进行观察。

（一）从物权观念的角度来看

在物权观念的演进轨迹上，德国法与普通法、法国法之间表现出了惊人的差异。当普通法和法国法及其波及的领域，平稳地实现了由古典物权到现代物权的过渡时，德国民法的物权观念却始终在古典形式意义上徘徊不前。于是我们发现，在德国法体系中，物权之绝对性以及这一

特性制约下的物权效力，以及物权变动模式的单调性近乎是一个亘古未变的话题，德国法现代语境下的形式主义规则，不过是对 2000 多年前罗马法形式性规则的重述。而在普通法和法国法系，其物权观念则随着物权与占有的分析迅速实现了相对化。如果说在罗马法以至德国法的体系中，物权的绝对观念至今仍保持着其不可动摇的地位，那么，普通法和法国法的情形，也许会让我们在吃惊之余获得一些更为理性的思考，"普通法系是在相对所有权而非绝对所有权的基础上运行的……当事人不必证明他对财产的主张优于任何他人，他只要证明他的请求优于他方当事人就可以了"①。"（法国法）第一个受让者虽然有所有权，但如果不进行公告，该所有权就是相对的，只能对抗转让者。该规定和有关其他法律行为的类似规则，一起构成了法国法上的第三人效力或者所有权的纯粹相对性理论。与德国法相比，更值得关注的是，该理论涉及到不为大家所知的相对所有权。"② 这样，伴随着所有权的相对化，相应地，普通法上的物权变动模式也从古典的形式化规则过渡到了现代的对抗主义规则。在这一意义上我们发现，两大法系在物权变动模式进化上的差异归根结底还是物权观念的差异。

（二）从物权行为的角度来看

由于物权行为不过是物权观念的动态表达，在这一意义上，物权行为理论与物权观念之间仍然存在本质的联系，这就决定了物权行为的历史演进形态，必然也本质地取决于物权观念。在法国法和普通法下，随着物权观念的相对化以及由此带来的公示方式和物权行为外观形式的分

---

① 参见〔美〕迈克尔．D. 贝勒斯．法律的原则［M］．张文显，等译．北京：中国大百科全书出版社，1996：146.

② 〔德〕乌尔里希·施伯伦贝克．土地交易中安全性的比较法考察［J］．华中科技大学学报，2005（3）：38.

离，其物权行为也同时实现了由古典的交付到现代的书面或口头合同的变迁，只是在法国法和普通法的私法传统下，对法律实践的关注以及对纯粹抽象理念的漠视，使得我们难以找到上述法系关于物权行为理论的介绍。而在德国法系下，由于其物权观念始终在古典绝对物权意义上徘徊不前，与此相应，作为物权观念动态体现的物权行为在德国法系下也泥守了古典的形式化特征，在现代社会申述着古典的形式化理想，这就是我们看到的以交付和登记为外观的现代物权行为理论。不同的是，由于真正意义上的物权行为的历史演进，作为一种客观历史现象是无法抗拒的，因此，即便在德国模式下，真正意义上的物权行为理论——口头或书面意义上的物权行为，也在实践中得到了基本的认可，但由于德国法将其界定为债权行为，这种性质界定上的歪曲使德国法下的物权行为理论最终沦为了矛盾重重的无因性理论。

（三）从物权变动模式角度来看

以罗马法为起点，对法国法、德国法以及普通法物权变动模式演进脉络的系统梳理表明，在物权变动模式的演进上，罗马法的贡献在于对物权契约和交付进行了初步分离，其表现是，逸出交付之外的物权变动契约的法律效力，至少在双方当事人之间得到了确认。但对于初步分离后的交付和契约之间的关系及其在物权变动过程中所分别起到的作用，保罗与乌尔比安的"取得权源"加"取得方式"理论和盖尤斯的交付之相对于契约的无因理论的对立，初步反映了物权变动理论进化过程中的解释论的分歧。这种分歧表明，对于二元要素视野下的物权变动原理，罗马法时代尚没有一个足够清晰的回答。

随后，法国法和普通法基本上沿着理性化的轨迹向前推进，大致表现出了从绝对形式主义物权——绝对意思主义物权（不需公示）——相对物权（物排他效力取决于公示程度）的理论变迁，最终基本都实现了物权效力的相对化、公示方式的多样化、公示效力层次化、第三人主观善意化等现代物权的理性特征。

但在德国法系，物权变动理论基本上维持在罗马法时代的水平上裹足不前。在交付与合同分离的物权变动二元结构下，有关物权变动基本原理的解释论争执一直持续到今天，仍然是"取得权源"加"取得方式"（现代意义上即为债权形式主义）和无因理论之间的对峙。

如果说德国法和法国法在"取得权源（交付之外的契约）"加"取得方式（交付）"上具有完全相同的制度起点，那么，以此为开端，德法两国却走向了完全不同的道路。法国法历经交付的观念化拟制——冲破拟制的观念化认识，承认了交付之外的契约物权变动属性和功能，从而实现物权变动的意思主义——最终实现了公示对抗主义的制度演进路径；而德国法则在"取得权源（交付之外的契约）"加"取得方式（交付）"模式上长期徘徊不前，当法国法几乎要完成整个演进历程的时候，德国法则表现出了完全相反的方向——尽管其实际上已经无论如何也不可能将从交付中逸出的物权合意重新拉入到交付之中——那将意味着彻底地否定交付之外的合同的法律效力，但它却首先强制性地通过物权绝对、债权相对的区分理论从名义上彻底地否定了交付之外的契约的物权属性与物权变动机能，从而对其进行了理念上的孤立。而普通法则相对比较顺利地实现了意思主义的转型，实际上，只有进入充分的意思主义，才能往真正的对抗主义方向发展，若没有意思主义的作用，则物权变动模式极易沿着德国的道路，从古典形式化物权变动规则进入现代形式主义范畴。

三、对德国形式主义物权变动模式与普通法托伦斯制度关系的考察

虽然从物权变动模式本质的角度来看，普通法领域的托伦斯制度具有十分典型的形式主义特征，但从制度发展的脉络上看，托伦斯制度与德国形式主义物权变动制度及理论之间基本没有交流。从制度史的角度来看，我们也可以推测二者可能是不同制度环境下的"殊途同归"。但在普通法系，尤其是托伦斯制度比较盛行的英联邦国家，多年来学术界普遍认为托伦斯制度是依据不同的来源并由一些人起草的，在这一过程中，托伦斯制度整体方案的形成受到了德国规则的深刻影响。但对于这一问题并没有确定清晰的论述，由于时过境迁，对于这一史实的探讨存在不小的难度（史料的缺乏以及现存部分史料的描述相互冲突）。2005年在南澳首府阿德莱德——托伦斯制度的起源地召开的一场学术会议上，围绕这一问题展开了激烈的争论。南澳洲莫纳什大学格雷博士提出"托伦斯制度与德国规则相似性的巧合论"，与此同时也有学者提出了"移植论"，认为托伦斯制度就其制度设计而言并非原创，而是19世纪德国汉堡土地登记法的改编和法律移植。① 由此逐渐强化出一个疑问：托伦斯登记的制度基因究竟是英国的还是德国的？

（一）问题的提出及其研究价值

无论相对于托伦斯制度的制度结构，还是宏大的传播史而言，关于

---

① Antonio Esposito. A New Look at Anthony Forster's Contribution to the Development of the Torrens System［J］. Uwal Rev. , 2007：33.

究竟谁在托伦斯改革方案的设计中起了最核心的作用以及由此而言改革究竟在多大程度上借鉴了德国方案，在普通法领域一度被认为不过是一个枝节性的问题，而不值得专门探讨。① 而且在逻辑层面，这一问题甚至完全可以通过托伦斯制度与德国规则之间的相似度比较，得出一个直观的结论。尽管如此，关于"托伦斯制度究竟是英国人所创还是来自于外部基因"的考证，仍然有其历史和现实意义。长期以来，大陆德国法系关于物权变动理论的研究，严重缺乏与普通法的比较，理论界长期奉"土壤论"只说，认为普通法模式无与大陆模式比较研究之前提。而普通法系关于托伦斯制度的研究（尤其就微观层面而言）也同样严重缺乏与德国法的关联性考察。在这样的背景下，如果能证实托伦斯制度系德国规则的移植，从而在二者之间建立起一座"桥梁"，则对托伦斯制度在后期传播过程中的样态考察，似乎更可以"名正言顺"地视为德国模式在普通法境遇的透视，从而将托伦斯制度的研究与大陆德国法系关联起来。

（二）1858 年托伦斯登记与 19 世纪 50 年代德国汉堡规则的框架式比较

通过对南澳 1858 年法案与德国汉堡规则的文本比较，可以发现南澳规则在很多细节上都与后者表现出极大的相似性，具体表现为：第一，二者在产权转让模式上都以"合同"和"登记"为核心环节；第二，南澳规则引进了汉堡规则中的"不动产簿"，并删除了"责任书"；第三，南澳规则借鉴汉堡规则中的"总登记官"设置了"总登记署"；第四，南澳规则借鉴汉堡规则设置了不动产登记的"证书和副本"，并

---

① 即认为"研究历史的真实性问题并非是搞学术的必要，与研究不同起草者的贡献相比似乎还有更重要的问题。"See Antonio Esposito, A New Look at Anthony Forster's Contribution to the Development of the Torrens System [J]. Uwal Rev., 2007：33.

针对副本交还设定了更为严格的责任；第五，南澳规则借鉴汉堡规则采用了"公共地图"技术，南澳和汉堡都通过参考地图来提高证书及副本中信息的准确度，并且南澳中的地图制度的概念与汉堡土地登记制度中曾经用过的地图的概念是相同的；第六，南澳规则借鉴汉堡规则确立了"根据登记确认所有权"的核心规则，尽管受英国衡平法理论的影响，托伦斯制度下的登记产权绝对性原则较之汉堡规则相对有所缓和；第七，针对欺诈或错误的情形，南澳和汉堡都规定了在欺诈或错误的情形下善意登记人具有不能废除的权利，并都对这些欺诈进行处罚；第八，1858 年不动产法案和汉堡土地登记制度都对登记财产的优先权问题做出了相似的规定，两个体系都规定土地优先权的取得依据是登记时间与争议权利产生的先后顺序；第九，南澳规则借鉴汉堡规则汉堡规则中的"中止诉讼申请（inhibirorium）"对未进行登记的权利人的利益进行适当保护；第十，托伦斯制度规定了"通过对土地征收费用"的土地抵押程序，这与汉堡中的"Hypothek（即抵押）"的概念完全一致。

（三）谁是托伦斯制度的真正缔造者

一般认为，普通法所有权登记制度起源于南澳大利亚州，并以该制度的最先提出者罗伯特·理查德·托伦斯来命名①，所以，理论上也普遍认为托伦斯是该制度的"缔造者"。毫无疑问，托伦斯本人在该制度的创立过程中扮演了极为重要的角色，也起到了非常重要的作用。他是整个改革方案的设计者、策划者、鼓动者和传播者。尽管如此，不能否认的是，这一改革并非完全是托伦斯一己之力完成的，这一制度以托伦斯来命名，不仅是对托伦斯所做的贡献的肯定，更是因为他是法案的提

---

① The Law of the Land: The Advent of The Torrens System in Canada, by Greg Taylor, Toronto: Osgood Society for Canadian Legal History, 2008, p. 256.

请人，假如因此而认为托伦斯法案完全是他一个人的贡献，则显然是武断甚至荒谬的。尽管有学者持反对见解①，但实际上，托伦斯改革得到了诸多有力人士的支持和帮助。其中最主要的是安东尼·佛斯特（Anthony Forster）和乌利齐·胡贝（Ulrich Hoibbe），前者是南澳一家报社的编辑，后者则是德国的法学家和律师。史料表明，佛斯特通过对英国不动产改革委员会的建议文本对托伦斯提供了重要的支持，而乌利齐则在托伦斯的授意下，以德国汉堡土地权利登记法为蓝本，起草了南澳土地登记法草案。佛斯特所使用的资料（英国不动产改革委员会的建议文本）中包含了对欧洲大陆包括德国土地登记法的详细的方案介绍，而乌利齐则本身就是德国法学学者和律师，根据澳大利亚学者的研究，托伦斯改革期间有一名德国律师乌尔里奇·许贝（Ulrich Hubbe）长期居住于南澳，他将汉堡商业同业公会的登记制度介绍到了南澳，并对改革起到了很大影响。托伦斯在其著作中也承认，他的设计源受到了普鲁士抵押登记立法的启示。② 这一点也得到英国当代托伦斯制度研究者的肯定，"正在研究的德国土地登记体制被认为是南澳大利亚州土地登记制度的基础"③。从这一意义上来说，把托伦斯视为南澳 1858 年土地登记法案的唯一创始人，显然是不恰当的。④

（四）移民基础

作为一个广泛的移民国家，澳洲拥有多种族的人种来源，其中主要

① Greg Taylor. The Torrens System: Definitely Not German [J]. Adelaide Law Review, 2010, 30 (2): 195.
② Sir Robert Torrens, The South Australian System of Conveyancing by Registration of Title, Adelaide: Register and Observer General Printing Offices [M], 1859: 3.
③ M M Park, IP Williamson, An Englishman looks at the Torrens System – another look 50 years on [D]. University of Melbourne, 2003.
④ Fox, The story behind the Torrens system [J]. Australian L. J., 1950 (23): 487.

是欧洲人种，自然也包括德国人。1838 年，德国勃兰登堡州克莱姆齐小镇（Klemzig）的居民因不满当时普鲁士国王威廉三世强行推行路德教与新教合并，在牧师卡沃（August Ludwig Christian Kavel）的带领下远走他乡，踏上了流亡之旅。他们的目的地是英国新开发的殖民地——南澳大利亚。在英国商人乔治·安加斯（George Fife Angas）资助和安排下，最终他们辗转来到了澳大利亚。在托伦斯河（今南澳大利亚州首府阿德莱德北部），德国移民者被承诺享有宗教自由，并成立了新"克莱姆齐"。到 19 世纪末，生活在澳洲的德国人已达 5 万多人。德国移民一定更希望看到他们所熟悉的土地登记制度在澳洲落地生根。19世纪 50 年代的南澳，"当英国移民已经习惯通过契约转让土地的体系时，他们移居南澳大利亚的德国邻居对这一体系感到吃惊和气愤。他们不能理解为什么经过测量的土地的法律地位竟然变得不确定了。他们反复建议引入可靠的土地所有权登记，而这一登记已经存在于德国各州"①。土地登记制度的改革者佛斯特在 1856 年中期向公众提出建立一个安全的土地所有权登记时，立刻激发了德国移民对他们自己熟知的体系的热烈讨论。尤其是汉堡、普鲁士以及奥地利—匈牙利的登记体系成为德国移民热衷讨论的对象，他们普遍认为这些是改革的良好素材。他们踊跃地向当地的德语报纸 *Siidaustralische Zeitung* 和 *Adelaider Deutsche Zeitung* 投稿，阐明德国土地登记制度的合理性。一个位名为 Vitis 的读者向佛斯特建议认为，"实质上相同的体系存在于普鲁士。既然在普鲁士已经证明它是有价值的，不能说在南澳大利亚就不可行"②。

---

① Antonio Esposito，A New Look at Anthony Forster's Contribution to the Development of the Torrens System［J］. U. W. Austl. L. Rev.，2007（33）：253.

② Antonio Esposito，A New Look at Anthony Forster's Contribution to the Development of the Torrens System［J］. U. W. Austl. L. Rev.，2007（33）：253.

（五）结论

历史的久远、英国普通法系的背景、托伦斯本人的风头等都让这一制度看上去是一个十足的"英国派"。然而历史考证逐渐拂去遮盖在事实上的面纱，让我们清晰地看到托伦斯登记与其"母版"——德国汉堡规则之间的血脉渊源。这也揭示出一个惊人的结论：正如其核心原则所显示的那样，托伦斯登记制度实际上是德国形式主义物权变动规则在普通法系的延伸。如果说普通法系从来没有形成对德国形式主义物权变动理论的正面系统评价，那么，普通法有关托伦斯登记的研究恰好给我们展示了这样一幅图景——充满管制性色彩的制度在自由市场经济环境下所经历的风雨兴衰。

第九章　从传统理论分析到政治哲学分析：一个框架式转型

一、普通法视野下的两种物权变动制度演进道路的基本反思

物权登记制度及其隐含的物权变动制度作为社会经济规则的一部分，既受制于经济规律的影响，同时也具有一定的"模糊性"和"弹性"——不同法域可能采取差异较大的制度设计，但其绩效却难以实际测定，加之各模式通常会采用不同的迂回手段而对其自身弊端进行间接性调适和纠正，从而引致"不同模式皆可殊途同归"的认识。这种极类似于生活"幸福感"测定的评论使得问题本身也"模糊化"了，这或许是托伦斯登记（形式主义模式）和公共记录制（对抗主义模式）得以长期并存的原因。

前文以"流通频率"为主线所建立的"无争议性"物权变动规则谱系所提供的客观参照系统表明，理性意义上的物权变动制度，应当随着"流通频率"的变化而逐渐修正。当然，由于在稳定的社会经济发展史中，流通频率的变化是一个相对缓慢的变量，从而，物权变动制度

改革很难清晰地感受并适时地把握其从量变到质变的临界点，从而形成两者之间的理性互动。加之其他周边因素程度不一的影响，更增加了相应变革适时性和应然性的难度，这很可能是导致普通法世界在物权变动制度改革过程中裂分为托伦斯模式和公共记录制模式的主要原因。

仅以普通法的情况来看，以"流通频率"谱系对普通法视野下的托伦斯模式和公共记录制所引领的形式主义和对抗主义两种模式的改革路径和进化趋势，进行宏观的回溯和透视可以发现，在自然经济逐渐解体、资本主义经济逐渐崛起的背景下，商品流通频率的增长，逐渐将曾经富有理性的以产权静态保护至上为最高理念的传统意思主义模式下的契据记录制逐渐抛弃，契据记录制日益陷入危机，这是近代英国土地登记制度改革的宏观背景。但在对传统意思主义下的契据登记制度进行改革的过程中，18 世纪以来便开始苦苦追求物权变动变革的英国及其殖民（后来的联邦国家）国家，竭力追求改革机会，以一种"一万年太久，只争朝夕"的激情，试图"一步到位"，结果直接"跃进"到了意思主义的另一端——形式主义模式。这一改革首先在其海外殖民地获得突破，之后迅速扩张，并对作为其发源地的英国进行了"反哺"，导致了英联邦法域的形式主义特色。

而在从英国殖民世界反叛并脱离出来的美国，对于物权变动制度的改革却显示出了超乎寻常的"耐心"，在那里，制度变革平静地感受、等待并捕捉着市场化进程中的产权流通频率的变化，在相对温和的渐进式变革中，通过对意思主义规则的不断修正和相对完善的市场化保险制度支持，对传统契据记录制度进行革新，最终在折中的对抗主义模式下过滤掉了大部分意思主义时代"产权过度调查的烦冗与负担"，从而使得古老的契据记录制获得了新生。

若以 19 世纪为起点，在两个世纪以后，我们回望普通法物权变动制度的改革历程，并对托伦斯制度和公共记录制进路进行比较不难发现，作为急于摆脱传统的激进式改革，托伦斯制度虽然饱含了改革的冲动和美好的设想，但其过犹不及的路线——超越了应然意义上的折中位置——使其在此后百余年间的传播过程中，不断碰壁并发现其弊端。迄今为止，对托伦斯法域的样本研究显示，除了在新加坡这种地域狭小并且土地产权私有比例较低的国家①，托伦斯制度还在原初理想与例外规则之间彷徨不定，并时而表现出回归原初立场的倾向之外②，经过不断的试错和纠正，在大部分托伦斯法域，作为原初理想的托伦斯核心架构原则已经面目全非，以至于 Katy Barnett 甚至发出了"镜像原则已然破裂"（The mirror of title crackd from side to side）的慨叹。③ 而在美国，经过百余年不愠不火的改革以及两种对立模式的长期并行及敞开式竞争，托伦斯制度逐渐走向衰落，而公共记录制却在对抗主义模式和保险机制的支撑下获得了有效的提升，较好地实现了博弈均衡的制度设计，从而以其优越性而日益显示出强盛的竞争力。④

尽管托伦斯制度百余年的推广历程——尤其在美国的情况显示——

---

① 而且国有土地占了绝大多数（1960 年代尚只有 40% 左右，通过大规模征收目前国有化比例已近 90%）。

② Kelvin F. k. Low, The Story of "Personal Equities" in Singapore：Thus Far and Beyond [J]. Singapore Journal of Legal Studies, 2009：161 – 181；Teo Keang Sood, Demise of Deferred Indefeasibility Under the Malaysian Torrens System? [J]. Singapore Journal of Legal Studies, 2002：403 – 408.

③ Katy Barnett, The mirror of title crack'd from side to side? The amazing half – life of the equitable mortgage, Legal Studies Research Paper [J], 2011（2）：330.

④ 尽管托伦斯支持派对美国托伦斯改革的"不力"一直持有异议，并认为其中的重要原因在于律师业和发达的产权保险业对传统模式的绑架，不过从单纯市场化的角度来说，由于产权保险和律师产权调查都是以"服务业"的形式介入的，相对于政府管制来说，很难说一种市场服务能够强大到足以绑架公众行为的程度，至少在市场化模式下，无论是律师产权调查还是产权保险都是"用脚投票"的，相比而言，托伦斯制度则是十足的管制——正如学者所言，你没有第二个托伦斯体系可供选择。John L. McCormack, Torrens and Recording：Land Title Assurance in the Computer age [J]. William Mitchell Law Review , 1992（18）：61.

对抗主义辅之以产权保险的公共记录制较之托伦斯体系具有显著的优越性，然而普通法世界中的物权变动制度发展趋向仍然"并不明朗"。无论是那些遭遇现实反击的法域，在托伦斯理想与现实例外之间的犹豫、徘徊和迷茫，还是那些执着于如何对例外现象进行有效限制，从而回归托伦斯原始理想的良苦追求，以至作为托伦斯改革最早起源的英国在2002年通过土地登记立法而向托伦斯立场最大靠拢……托伦斯制度的长久历程和目前仍然徘徊不清的现状表明，如果说基于流通频率的经济分析表明了物权变动进化的最佳路线，那么，在经济因素之外，一定还"潜伏"着更为深刻"隐形"因素。

那么，究竟是什么因素对物权变动制度的选择起到了更为重要的作用？换言之，作为财产流通领域重要的基础性规则，物权变动规则究竟受到何种神秘因素的牵引，以致同为市场经济的国家背离了一致性，走上了不同的道路，致使两种模式之间呈现出巨大的差异？尤其当我们将这种差异从大陆法系与英美法之间的比较缩小到普通法内部——集中在英联邦国家和美国之间，却仍然可以发现这种差异之鸿大，不由得对其差异背后的深层原因产生浓厚的兴趣。

二、从"形式主义"到"实质主义"：英美两种登记体系差异的转型

（一）托伦斯体系与公共记录体系的差异

托伦斯登记以产权的绝对不可推翻性和镜像原则为灵魂，强调以登记为其产权的"唯一"表征，由于其将权利的外观——登记——置于一个极高的位置，纵使登记错误也意味着"将错就错"——错误登记

者亦可获得产权，而真正产权人则将失去产权。在权利完全"受制于"形式外观的意义上，托伦斯登记可谓典型的"形式主义"规则。

公共登记虽然原则上亦强调通过以登记为中心的外观形式建立产权的公示体系，但其公示形式并非完全倚重登记，相反是一个具有一定弹性和开放性的灵活体系。任何一种表象，只要其具有相应的公示机能，皆可在相应的范围内发挥公示的机能，成为权利的表征。由于这种开放性的外观体系能够支撑多样化的权利主张，以满足更多的个体性、特殊性权益，并突出了以个人为中心的产权保护机制，因而可以成为"实质主义"规则。

实际上，以"形式主义"界定和描述物权变动规则的模式特征在大陆法系早已盛行，德国法系长期以来皆自称为"形式主义"流派，唯普通法系并不以该特征冠之，而仅在类型上区分为托伦斯体系和公共记录体系。笔者认为，相比而言，"形式主义——实质主义"的描述方式不仅比较深刻地揭示了二者之间的本质性差异，同时还推动我们进一步思考：为什么有的制度更具有形式主义风格，而有的制度则更具实质主义风格？究竟哪种风格更具合理性？这种风格和某一法域的整体法律风格之间具有何种联系？等等。而这些思考，或许有助于揭开物权变动制度不同发展路向的深层原因。

（二）法律形式主义与实质主义的普遍原理及其对物权变动分类体系的启示

关于法律体系的形式主义与实质主义，P.S. 阿蒂亚和 R.S. 萨默斯专门以英国法和美国法为例进行了系统的比较性研究，提出了"英国的法律观比较形式化，而美国的法律规则比较实质化"的命题。上述研究以普通法内部为涉及领域，选取了普通法内部最具代表性的两个国家，揭示了一个通常被忽略的法系内部差异的规律性认识。该理论认为美国和英国的法律体系尽管在表面上存在着种种相似性，实则有着深刻的差异——英国法律体系是高度"形式"的，而美国法律体系是高度"实质"的。①

P. S. 阿蒂亚和 R. S. 萨默斯的这一发现，带来了一个重要启示：英国法具有高度形式性，美国法具有高度实质性。而我们对托伦斯制度传播史的考察也表明，英国物权变动更倾向于具有形式主义特征的托伦斯制度，而美国则更倾向于具有实质主义的公共记录制度。那么，在英国法的普遍形式主义与其物权变动制度的形式主义之间，以及在美国法的普遍实质主义与其物权变动制度的实质主义之间，是否存在一种或松或紧的关联性，从而能够解释为何两国在物权变动制度上走向了不同的道路？毫无疑问，这是一个令人振奋的问题，有可能在更深层面揭示产权制度建构的新方向。

三、物权变动模型的"环境"影响论：以英美两国为中心的比较考察

（一）从法系风格到制度倾向：物权变动制度的"制度生态学"理论

为了对普通法内部英国法和美国法之间的差异进行系统比较，并提出其中的规律性，阿蒂亚和萨默斯选取了"法律形式""法律的有效性标准"和"法律解释"等多个角度，全方位、立体化地描述了英美两国的差异，展示了两国在法律的形式性和实质性方面的深刻差异。笔者

---

① P. S. 阿蒂亚，R. S. 萨默斯. 英美法中的形式与实质［M］. 金敏，等，译. 北京：中国政法大学出版社，2005.

认为，物权变动制度并非孤立的存在，而应该置于整个法律系统生态中加以考察。制度生态是一个仿生概念，其原生概念是以德国学者伊·海克尔（E. Haeckel）的生态学为基础的生态系统，即在一定时空内，生物体与非生物环境之间通过能量交换和物质循环，形成一个彼此关联、相互作用、自动调适的统一体。这种现象在制度领域同样存在。在制度生态学的视野下，物权变动作为法律制度中的一个具体的"生物载体"，必然受制于其发生和存在的整个社会法律环境的影响。这里所谓的法律生态环境，包括内部意义上的立法、司法乃至作为外部环境的更远的外围因素的总和。一个完整的法律制度生态既离不开更大范畴上的整个社会制度生态，又在内部控制着具体的微观法律制度的样态。

法律生态学的基本原理意味着，在作为具体制度形态的物权变动制度和作为宏观背景的法律生态结构之间，一定存在着某种内在关联性，而通过这种关联性的考察，将有助于揭开决定某一制度形态的深层密码。

（二）物权变动制度的"制度生态学"考察——以英美两国的比较为视角

阿蒂亚和萨默斯的理论选取了法律有效性的标准、立法体制、法律类型、法律解释、法律适用、法律的强制性、法官、律师、法学教育等多个视角，对英国法的形式主义和美国法的实质主义进行了深入系统的比较。如果说以追求产权镜像般清晰确定的托伦斯规则和更加注重个人权益保护的公共记录制规则分别代表了形式主义和实质主义两端，那么，带着"为何英国物权变动更加形式化而美国物权变动则更加实质化"这一疑问，走进阿蒂亚和萨默斯所建构的"形式主义——实质主义"的制度生态丛林，我们会有更生动的发现和更深切的体会。总体而言，英国法律的形式化特征与托伦斯登记立法之间、美国法律的实质化特征与其公共记录制之间存在着一致的对应关系（如图所示），这种广泛的对应性表明，在制度生态学的意义上，将托伦斯登记与公共记录制之间的差异置于其各自所在的立体制度环境中，较之于制度内部细节的纠缠，更容易获得宏观性的认识。

美国司法体制鼓励律师们采用更积极、更富进取性的诉讼风格，追求更注重详细调查的方法。胜诉分成制（the system of contingent fees）使律师们从"尝试"新颖的诉讼请求中获得利益，鼓励他们不断地推进法律责任的新领域①，这促使他们往往乐于主动出击，寻求改变一切的机会而不是安于立命，在那些新型的案件中，他们的使命主要不是保证法律的形式规则的实施，而是要说服法院"承认新的权利，施加新的义务和阐述新的规则"②。他们这么做是为了追求实质性的理想或原则。律师界以这种特定的方式对抗束缚，并使得异常的法律革新成为可能；许多美国人会庆幸他们自己身处这样一种法律体系下，该体系对实质推理的反应是如此的敏感，因而它能以这种方式迅速应对新出现的问题。

（三）物权变动改革进路差异的原因及其评价

托伦斯制度在普通法领域的传播存在显著的结果差异，传统研究基于"都有普通法背景、都是资本主义市场经济——因而按说不应该存在如此显著的差异"这样的基本认识，试图揭开托伦斯制度在美国的失败之谜。然而已有的研究主要集中在制度细节或法经济学层面，其对

---

① 根据胜诉分成制度，少数人身伤害案件使美国律师们挣到了大笔的钱，这有可能促使他们去尝试不寻常的甚至是没有先例的案件，而这类案件如果放在英国，英国律师很可能会向其当事人建议说胜诉前景黯淡。

② See Horowitz . Decreeing Organizational Change ：Judicial Supervision of Public Institutions ［M］. Duke LJ, 1983：1265 , 1276 – 1279.

这一问题的揭示是有限的。

本节以"制度生态学"为视角，围绕法律有效性的标准、立法体制、法律类型、法律解释、法律适用、法律的强制性、法官、律师、法学教育等多维度的考察，揭示了英国法的形式主义和美国法的实质主义制度的生态环境差异。而将英美两国在物权变动制度改革上的不同路径代入上述环境中，显然使问题获得了更为清晰的理解：在英国这样一个以法律实证主义为主导思想，奉行法律精英主义，倡导以制定法推动制度改革并严格遵奉法律的渊源取向效力标准，从法学教育、法学教授、律师乃至法官都奉行同治性和保守角色，追求法律的确定性、简明性和可预测性，坚持法律的字面解释的国家，其在物权变动制度改革过程中一定是"亲托伦斯登记的"，因此，英国选择托伦斯制度是太过自然的事情，相反，如果英国没有选择托伦斯制度，才会是奇怪的。

而对于美国这样一个以自然法和法律工具主义为主导思想，奉行法律民粹主义，倡导以判例法对法律改革进行正当性过滤，仅把制定法视为法律的补充和一般性指引，在法学教育中贯彻启发式、发散式法律思维模式，法学院作为社会改革思想的发源地，律师乃至法官都具有个性、分散性和异质性并富于进取性和开拓性精神，相信实然的法与应然的法应截然分开，不相信法律的确定性和可预测性，坚持法律的目的解释的国家，从制度土壤到整个生态环境都是"反（排斥）托伦斯登记的"，因此，托伦斯制度在美国逐渐走向衰落同样也是不足为奇的。托伦斯这种将物权变动的清晰性神圣化、绝对化，从而将公众的物权变动行为高度规范化、格式化的初衷，在美国这种秉持法律实质主义的国家注定是不可能获得市场的，即便强行引入，也必因水土不服而导致"权利的混乱"（confusion）。

由此可见，笔者所选取的英美两国法律"形式化—实质化"的诸多方面，都可以不同程度地解释英国形式化的法律体系促成了其在物权变动制度上的形式化道路（托伦斯登记）选择，而美国实质化的法律体系则导致其更倾向于走实质化的道路（对抗主义下的公共登记制），难形成统一的登记体系，并最终在托伦斯制度上走向了没落。正如有学者评价的，作为一项制度，"托伦斯制度（实际上）从未成长起来"①。

　　至于对英美两国不同的法律风格在具体制度建构上的影响和差异这一现象的优劣评价，尽管阿蒂亚和萨默斯的确也曾表露出"实质主义法律体系的运作可能较不确定，且成本较高，而运用形式推理带来的确定性程度和成本效益要高得多"，但正如他们所强调的——"在其理论架构中一直尽量避免给出直接的评价和批判"，因此，他们明确指出"英国法律体系所存在的高度形式性并不一定使得该体系作为一种法律体系更好或更劣，它只是使得该体系明显区别于美国的法律体系"。这一点非常类似于大陆法系学者在比较各种不同的物权变动模式之后所得出的结论——不同国家的物权变动模式最终都能够达到有效的规制产权交易秩序之功效，从而在结果上殊途同归。

　　不过正如阿蒂亚和萨默斯最终还是忍不住对英国的形式主义法律传统进行了相应的批判那样——他们不无"忧虑"地指出："法律是什么是一回事，法律应该是什么是另一回事"这类不恰当的形式主义法律观反复灌输的后果之一，就是法律基本上被看作徒具技术内容的技术性的形式躯壳，其后果"远非是有益"的，其对法律的普遍尊重的弱化从任何角度来看都是件"糟糕的事"——因此，笔者也不想仅得出一个模糊性的结论。

　　形式主义的秩序治理机制虽然表面上看起来更加富有效率，但这种效率由于建立在过于牺牲个人多元化选择自由的基础上，因而是一种缺

---

① 〔美〕约翰E·克里贝特. 财产法：案例与材料〔M〕. 齐东祥，译. 北京：中国政法大学出版社，2003：1110，1119.

乏"幸福感"的效率。

　　实际上，从应然的角度来看，在经过物权变动模式的对抗主义化改革之后，加之市场化的产权保险制度的支撑，传统的契据登记制度已经获得了新生——它既摆脱了意思主义模式下的产权模糊以及过度的产权调查，同时也避免了镜像原则下权益认定的一刀切，因而较好地折中了各种利益需求，从而也最富价值理性。这实际上也是托伦斯制度在运行过程中屡屡受挫而不得不修正，甚至在美国这样法律风格相对比较实质化的国家逐渐在制度竞争中走向下风的根本原因。

四、对英美两国法律风格差异的追问：
基于政治哲学的解读

　　前文考察表明，英美两国在法律形式化与实质化上的深层差异，决定了其在物权变动制度选择上的不同，从而找到了托伦斯制度在英美两国不同际遇的直接原因。然而问题并未结束，假如我们循着这一脉络继续向前挖掘——究竟是什么原因导致英美两国形成了不同的法律风格——无疑可以获得一个更为宏大的命题。而这一问题的揭开，对于寻求和建立一个动态变化社会的物权变动立法与其不断演化的整体法律风格之间的科学链接必将具有重要的意义。

　　虽然在一般意义上我们可以说上述差异源于两国间制度、历史和文化的不同，但这只是粗略的说法，阿蒂亚和萨默斯曾更精确地指出："将区别英国和美国法律体系的各种制度性因素贯穿起来的基本主线就是两国对于政治和法律体系运作的预设存在根本性的差异。"首先，英国有强大的中央集权的政治制度，而在美国，联邦制和分权原则打破了政治权力，从而使得政府弱化。其次，相对于中央集权的行政—立法系

统而言，英国司法系统是一个相对弱势的机构，只有极为有限的政治功能，而在美国，强大的司法系统（尤其联邦司法系统）在宪制上对政府的其他两个分支形成了有力的制约。再次，通过政党制度，通过一个中央集权的机构——内阁，英国议会很大程度实际上将行政权与立法权合而为一。而在美国，立法权由不同的立法机构分享。

由此可见，法律风格究竟是倾向于形式性还是实质性，实际上根源于一国的政治体制是以中央权力控制为导向的"国家干预型"政治结构，还是以权力分散制衡为基础的"民主自治型"政治结构。前者无疑将导致形式主义化的法律风格，而后者则意味着法律风格的实质主义特征。由于国家干预型政治法律治理模式强调国家在法律秩序建构中的主导性，而民主自治型的政治法律治理模式强调市场和私人在法律制度建构中的主导性，因此在制度设计上也必然体现这一烙印，在物权变动制度的改革与走向上也是如此体现。为此，我们可以将上述两种模式与其各自的法律治理风格之间建立一个相关模型（下图）。

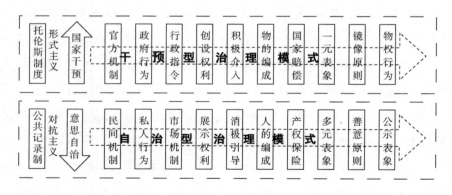

如图所示，托伦斯制度作为一种典型的形式主义的不动产物权变动模式设计，实际上是一种典型的以"国家干预"为导向的制度设计。这种干预型物权变动制度的产生及其传播的根源都在于所涉区域政治治理结构上的国家干预传统，因而在更为宏大的背景上有其制度生存的总

体环境。托伦斯制度下的物权变动依托的是官方机构和行政机制，是一种典型的政府行政行为，往往体现着行政指令安排，托伦斯下的登记是一种"创设"产权的行为，体现了权利形成机制中的国家积极介入，国家对不动产登记寄托了较为强大的管理职能，因而在登记方式上一般采物的编成，以便于生成国家所需的不动产数据，由于登记的行政行为属性，故其错误亦需由政府承担直接的赔偿责任，托伦斯制度借助国家强力干预而对产权公示方式进行了大幅度削减，唯登记这一种形式为立法所认可，故在公示方式上呈现出典型的一元性，正如托伦斯原则所声称的——物权变动凭借这种一元化的公示机制可以呈现出如镜像般的清晰性，同时，由于私人间的产权变动被集中挤压到一个固定的登记环节，从而在法律行为意义上，双方变更登记的行为在行为属性上便属于"物权行为"，这种物权行为得以有效地排除其自身以外的其他法律行为的牵制和影响，从而呈现出独立性、分离性和无因性的特点（当然这一点仅属于逻辑层面的推论，由于普通法系并无法律行为理论，故也就无物权行为之说）。从制度逻辑上看，公法行为意味着不动产登记以"权力"为制度建构主线，表现为"管制性"的制度建构进路——登记是"强制的"，倾向于不动产物权变动的登记生效要件即形式主义物权变动规则，追求登记与权利之间对应关系的准确性——即所谓的权利"镜像规则"或"水晶规则"，并且内在需要以国家赔偿作为其错误时的救济手段。由于公法行为主要服务于国家对不动产秩序的管制功能，因此，其本身并不直接指向"公示"，所以公法行为下的不动产登记体系通常表现为按照国家行政管理的部门职能划分为依据，并通常基于行政行为属性而排斥对登记信息的公共查阅；而私法行为则意味着不动产登记以"权利"为制度建构主线，表现为"自治性"的制度建构进路——登记是"任意和自愿的"，倾向于不动产物权变动的登记对抗要件，即对抗主义物权变动规则，登记与权利之间为松散的对应关系——

即登记仅是判断不动产物权的重要和有效手段之一，但并非唯一手段，经由登记的错误判断产生的责任风险通过私人（市场）的方式进行分摊和解决。

而美国经过托伦斯制度和产权公共记录制的长期竞争，之所以最终选择了产权公共记录制（对抗主义模式），在本质上是因为以"国家干预"为导向的托伦斯制度在美国缺乏相应的政治土壤。在英联邦国家，托伦斯制度不存在合宪性或其他限制性条件，也不存在对其有效性的明确反对，而在美国，这是致命的。① 托伦斯制度的核心规则与美国的宪法原则抵触。当伊利诺伊州首次引进托伦斯制度的时候，这项法案很快就被宣布为违宪，② 因为授权登记机构检验与产权相关的事实并颁发给所有权人证书——这相当于一个司法裁决，并显然构成了司法权的行使，因此这一应由司法部门行使的司法权由行政部门来实施显然违反了联邦宪法，故应予禁止。而1896年俄亥俄州施行的法令，也由于没有明确当事人的司法救济权而被宣布为违宪。③ 因为按照宪法的原则，让一个行政官员执行司法职能显然是站不住脚的。④ 由此可见，作为一个典型的权力分立、以民主自由和市场经济为主流导向的国家，一种带有强烈的国家干预色彩的物权变动制度既无法获得政治治理结构层面的支持，也无法获得司法体系和社会公众的认可。

相反，美国社会的整体环境更容易接受公共记录制这样一种更加体现私人意思自治的制度模式。公共记录制登记模式以私人自治为基础，依托的是民间登记机制（即便由政府提供，也只是一种公共服务性质

---

① See People v. Chase, 46 N. E. 458, 459（Il. 1896）.

② Edward H. Cushman, Torrens Titles and Title Insurance ［J］. University of Pennsylvania Law Review and American Law Register, 1937, 85（6）：589－612.

③ State v. Guilbert, 56 Ohio St. 575, 47 N. E. 551（1897）.

④ See City of New York v. Wright, 243 N. Y. 80, 152 N. E. 472（1926）.

的非官方行为），像托伦斯制度所设计的官方化的登记机构在美国是难以运行的——美国对于财产权的宪法保障限制着登记机关的角色和功能；① 其登记是一种典型的民间私人行为；运用的是市场激励机制；公共记录制下的登记是一种"公示（展示）"产权权益的行为；体现权利运行机制中的国家消极介入；国家的征税和不动产的管理职能与物权变动适度分离——不与产权相绑定，登记以公示权利为其核心功能，因而在登记方式上一般采人的编成；由于政府既不干预登记行为，也不为登记的真实性提供任何官方的信誉和保障（它们完全是私人自己的事情），故对其错误，政府不需承担任何责任，相应的责任由产权人自己通过市场化运行机制下的私人产权保险制度进行消解；公共记录制仅最大限度地提供一种最为便利同时也最有效的物权公示方式。它可以依据自身的优势而与其他的产权公示方式进行竞争，但没有任何权力去消灭其他公示方式。因此，登记不可能是产权公示的唯一方式，这意味着在公共记录制模式下，产权在公示方式上必然呈现出以登记为中心的多元性和分散性特征，这种公示方式的多样化决定了公共记录制模式下不存在仅凭登记的"权利镜像"，而是必须依托善意规则对公示方式的有效性进行适度的过滤；同时，由于私人间的产权变动可以凭借多种表现展开，从而在法律行为意义上，双方变动物权行为很可能早于登记发生，常见的就是通过双方之间内部性的合同行为。因此，在公共记录制模式下，物权行为的常见形态应该是合同行为，当然，这里所谓的经由合同性的物权行为而发生的物权变动仅仅局限在合同的两造之间，是一个"内部"性的评价，至于基于这一内部行为而实现的内部物权变动能否获得更大范围的对抗效力，则取决于受让人能够在多大程度上利用多样

---

① Charles Szypszak, Public Registries and Private Solutions: An Evolving American Real Estate Conveyance Regime [J]. Whittier Law Review, 2003 (4): 663.

化的公示方式去展示自己的受让权益，而这已经不是法律行为所覆盖的范围，只是一个产权的公示问题了。当然，由于美国法上同样不存在的法律行为理论，因而也不存在刻意证明合同行为之物权行为属性的必要。不过美国法借助衡平法理论——尤其是"应当做的视为已经做的（应当所为为实际所为）equity regards as done that which ought to be done"——可以非常顺利地解释合同行为的物权行为属性。

综上所述，物权变动模式究竟是托伦斯的（形式主义）还是公共制的（对抗主义），在政治哲学维度层面可以找到其最深刻同时也最稳定的原因，这一结论超越了传统的关于两大法系不动产物权变动制度模式的区分认识，大陆法系未必就是形式主义——法国即采取对抗主义，普通法系也并非都是对抗主义——英联邦国家和地区即盛行形式主义。不仅如此，沿着这一进路进行细分还可以发现，即便在托伦斯法域，还存在着形式主义程度化的差异，例如，同为英联邦国家，新加坡的托伦斯登记制度贯彻得明显更加严格，而在作为托伦斯制度改革的发源地和母国的英国，托伦斯制度的采行却是相对松散的（直至 2002 年土地登记法确立的物权变动原则仍然预留了大量的登记例外——这种对非登记权益的宽容姿态对新加坡这样的国家来说几乎是难以容忍的），而造成这种差异的根本原因同样在于上述国家所依赖的基本政治治理结构在国家干预程度上的差异。对此，早在 20 世纪初，美国学者就给出了深刻的分析：

托伦斯法律的思想（idea）与我们的基本原则（basic principles）根本对立。若要成功地应用它，应当给予登记员绝对和无限的权力。或许这在那些奉行专制权（arbitrary power）的地区可能会成功地实施托伦斯法。然而我们不可能把宪法权（constitutional）给任何个人，包括总统。美国的典型使登记模式在其土壤中成长起来。我们有司法和立法体系，两者都是美国固有的，也适应我们的特殊需要，就像澳大利亚和英国地区依赖他们的法律（环境）体系一样。他们有自己的首相和议会，并且拥有无限至高的权力。我们的总统和国会则受相应机关的监督和限制。从逻辑上来说，英国的政体结构很容易适应其条件。登记模式和托伦斯体系的根本不同和对立，就像大英帝国和美国的政体结构（forms of government）对立一样。托伦斯法律体系适应君主政治的环境。登记模式适应人民共和的政体环境。两种对立的体系不能在同一时期不同国家和地区都成功实施。①

由此可见，某一法域究竟采用形式主义还是对抗主义物权变动制度，又在多大程度上采用相应制度，既与一般所谓之法系没有直接关系，也与其社会主义或资本主义的国家意识形态没有直接关系，而是与其政治治理原则——究竟是国家干预主义的还是市场自治型的以及进而言之在多大程度上奉行国家干预主义或市场自由主义——密切相关的。正是以此为中心，各国在物权变动制度上形成了严格的形式主义（包括托伦斯）和对抗主义两种对立性的制度设计。这一研究结论揭开了"为什么经济环境类似的法域（包括同为市场经济国家）却会在不动产登记制度选择上走上不同的道路？"这一物权变动制度领域的基本问题。

最后，从制度绩效上来看，虽然在长期的秩序整合乃至公众行为调适的视野下，各种不同的物权变动模式都能够获得相应的运行效果，但总体而言，正如前文对形式主义和实质主义法律风格的总体评价那样，过度国家干预下的形式主义模式较之市场化机制下的公共制模式仍然是稍逊一筹的，这一点从其制度运行效果上也可以观察得到。托伦斯制度

---

① Truth About The Torrens System ［J］Law. & Banker & S. Bench & B. Rev.，1920，13：160.

希冀物权变动规则可以凭借国家之力而确保如"镜像"般清晰，然而这一目标显然过于理想化，由于其"最初的豪情"无法改变现实的例外频发，因而收获的也只是一个破裂的镜像。不仅如此，由于形式主义模式下的登记环节过于借助甚至依赖公权力运行机制，而公权力主导下的登记本身并非必然呈现出简洁的效率倾向，相反可能走向过度管制的低效率极端。① 因此，托伦斯改革的最大问题实际上就在于其在国家干预的过度牵制下超越了应然意义上的中庸路线而走向了极端化路线，故其弊端和效率削抵导致"过犹不及"。由此可见，无论形式主义的理想——期望物权能在单一化的公示表象统率下呈现出"镜像"乃至"水晶"般的清晰度——多么具有诱惑力，在复杂多变的交易场景中都终将沦为浪漫主义的理想。在市场化环境中，其极端化的立场必然转化为内在的道德风险（inherent moral hazards）② ——诸如刺激一物二卖、过分纵容第三者放弃应有的审查义务等——而不可避免地在终极意义上导致物权变动领域的政府失灵（Government Failure）。③

　　而公共制虽然没有提供一个"诱人"的清晰规则，甚至其善意规则作为主观性机制显得过于模糊化，然而从制度运行效果上看，由于善意规则对缺乏公示机制的不良表象起到了较好的"过滤"作用，而便利的登记又足以提供较高的激励机制，加之市场化的产权保险也对不良

---

① 加藤雅信教授针对物权变动制度在中国的有关规定就曾提出过这种担心："中国物权的相关登记程序复杂烦琐，可能会导致周期的拖延，从而使得效率问题难以实现。"参见杨立新. 物权法实施疑难问题司法对策［M］. 北京：人民法院出版社，2008：10.

② Pamela O'connor. Immediate Indefeasibility for Mortgagees：A Moral Hazard？［J］. Bond Law Review，2009：121.

③ 形式主义模式的固有道德危机在产权流通领域具有显著的风险外部化倾向，这种倾向借助资产证券化的快速流通与积聚效应在2007年全球金融危机中表现出显著的促成性影响，并因此受到批判。See Pamela O'connor. Immediate Indefeasibility for Mortgagees：A Moral Hazard？［J］. Bond Law Review，2009，21（2）：133.

产权起到了有效的"治愈"作用，因此，公共制的总体运行结果并不令人失望。与高度简化的"目的导向"哲学相反，市场条件下的制度安排应当首先以市场调控机能为基础，为人们的行为提供恰当的引导和激励从而实现资源的有效配置，而对权利的界定与配置实际上就是资源配置的法律表达。正是在这一意义上，将问题回归到民法规范配置层面，我们可以说，在以"看不见的手"而非政府干预为主导性配置机制的物权流通秩序中，以自由秩序原理为基础的公共记录制，既不放弃或排斥登记，又在充分借助国家登记体系资源优势的同时为制度建构预留出相应的私法空间，在任意登记的前提下，通过"公示即获得物权排他效力"这一激励机制，有效调动当事人的公示动力，其合理性就在于暗合了配置效率这一经济学的基本逻辑。

五、政治哲学进路的拓展：面向德国法系的分析

对英美两国物权变动制度演进路径的比较考察表明，一国的宪政结构原则决定下的国家干预程度，是影响物权登记制度类型的一个根本性因素，循着这一规律可以发现，各国关于不动产登记模式的选择，基本上与其政治治理结构下的国家干预程度之间呈正相关关系：国家干预程度高，则不动产登记模式的权力机制就相应明显，物权变动制度偏向形式主义；反之，国家干预程度低，则不动产登记模式的权利机制相应明显，物权变动制度偏向意思主义。如果说英联邦国家宪政结构的权力相对集中导致其国家干预色彩相对浓厚，并由此导致了物权变动制度改革的形式主义化路向（托伦斯制度），那么，当我们将制度考察的目光转向大陆德国法系后却发现，英国政治体制的集权性与德国相比可谓是"小巫见大巫"——近代以来，德国的威权主义发展进路在世界范围内

都是比较突出的，而这一政治体制与国家发展进路都对其不动产登记制度产生了深刻的影响。

（一）威权主义进路下的德国私法给物权变动制度提供的基本制度生态

全部私法最基本的哲学命题首先可以归结为——私法只有摆脱了国家的政治干预，在市民社会高度发达的外部条件下才能得以顺利成长。然而国家在私法关系的形成到消灭过程中，却从来就不是一个旁观者。① 当国家权力的强盛打破了个人与国家的二元对立格局而一家独大的时候，私法制度将表现出截然不同的景象，这种差异最为典型地体现在以"国家主义秩序观"为基调的大陆德国法中。与英法等国的情形不同，近代德国面临着完全不同的历史基础与外部环境。处于国家统一、民族独立和摆脱周边危机的历史背景与政治格局下的德国，在席卷欧洲的自由主义浪潮中，以一种独特的进路对自由进行反思和批判，同时建立起绝对理性体系。这一体系不仅使作为启蒙原则的"普遍理性"失去依据，并坚持市民社会将让位于现代国家，以及"国家高于市民社会"。②

与普通法个人—国家二元对立下的有限政府、消极自由以及权利在先理念不同，近代德国民法的生成则完全笼罩在另一种政治哲学进路——威权主义国家氛围下。德国私法建立在个人与国家二元统一的立场上，国家以个体权利的守护神、牧羊人或家父的形象出现，个体权利

---

① North, D. C., Institutions, Institutional Change and Economic Performance, Cambridge, 1990。转引自苏永钦. 私法自治中的国家强制［J］. 中外法学，2001（1）：107.
② ［德］迪特尔·拉夫. 德意志史——从古老帝国到第二共和国［M］. 波恩：Inter Nationes，1983：71. 转引自高健. 康德的启蒙思想及其对德国现代化进程的影响［D］. 北京：中央党校，2001：24.

的实现完全仰仗国家的庇护,①"所谓自由人,即只遵循理性指引生活的人"②。尽管同样抱持着促进个人权利与自由的目标,但德国民法所依赖的制度技术却呈现出与普通法迥然有别的特征。在以逻辑的形式理性重构警察国万能管理的梦想中,在个人与国家二元统一的立场上,诞生于民族国家主义背景下的潘德克吞民法更倾向于通过抽象的不受限制的国家权力——而不是培育私人权利意识——来实现和保障个体自由。这种国家主义下的私法呈现出理性化的建构主义特征——通过人为的法典城堡来描述和规范私人生活的各种生活场景,即以法典"一劳永逸、面面俱到地规定其臣民的所有生活关系"③。

于是,当诺成契约在物权变动世界中的反复实践,逐渐拨开古典事实物权的神秘面纱,并在普通法世界中逐渐催生出多元表象支撑下的意思主义物权变动规则的时候,固守传统的交付作为物权变动核心标志的天然便利性以及将不动产物权变动与登记捆绑所具有的更为突出的管理上的便利,使得近代德国私法在与古典物权形式主义传统一脉相承的意义上走上了与普通法完全不同的道路。而在国家干预乃至管制型思维下,将物权变动的表象限制为一种明确的形式,例如占有或登记上,自然是一种更容易受到国家青睐的方式,并在建构主义理性的进路中通过"物权法定"原则固定下来。

自罗马法以来,各国物权变动制度沿着不同的意识流向前发展,最终形成了形式主义和对抗主义两个泾渭分明的支系。然而差别并非仅局限于制度本身,当制度比较触及作为制度形成外围环境的政治哲学差异

---

① 劳东燕. 自由的危机：德国法治国的内在机理与运作逻辑——兼论与普通法法治的差异〔J〕. 北大法律评论, 2005（6）：549.

② 参见哈耶克1973年为意大利新世纪百科全书所撰写的辞条《自由主义》,转引自王焱,等. 自由主义与当代世界〔M〕. 北京：生活·读书·新知三联书店,1996：109.

③ 李猛. 除魔的世界与禁欲者的守护神〔M〕. 上海：上海人民出版社,2001：211.

层面时，不同法系风格迥异的"自由主义"政治哲学路径让我们看到了"私法与政治互动"的生动场景。德国法在理性主义以及历史法学所倡导的民族精神的引导下高度承继了日耳曼法的内在传统；而普通法则远离了日耳曼与罗马法的形式主义传统，以自由者的姿态完美地实现了财产流转规则中物权变动模式从古典形式性规则向对抗主义的历史变迁。

（二）德国法系"物权形式主义传统"生成的具体背景：从制度生态到制度建构

1. 德国法系"物权形式主义传统"生成的基本制度生态

（1）近代德国的国家形成背景

与欧洲大陆其他国家的情形不同，近代德国面临着完全不同的历史基础与外部环境。德国历史上长期四分五裂、局势动荡。长期处于民族融合和政治分裂过程中的德意志，甚至没有与"国土"相一致的"国家"概念，学术与知识界理念中的德意志国土和国家的统一体在现实的政治中甚至并不存在。作为一个诞生于马背上的游牧部落，并在长期杂乱而动荡不定的历史激流中逐步发展起来的德意志人和德意志民族，德意志民族的统一和分裂，以及德意志民族国家的统一和分裂，构成了德意志历史发展的基本线索和主要内容，从而也促成了德意志历史发展的特殊性和复杂性。德意志人和德意志民族国家的形成和发展过程中，充满了"德意志"和"非德意志"的较量，表现为"统一"和"分裂"相生相克的斗争。德意志民族愈是念及这种"分裂"，他们克服这种"分裂"的尝试也就愈强有力。

（2）科学理性主义的法律思想

18 世纪的欧洲经历了一场普遍的思想运动，即启蒙运动，其核心即所谓的"理性主义"。理性法学派的体系化方法以追求统一性（uni-

versality）、逻辑结构和形式特征为理想，具有显著的概念法学的特征。在理性法学派的推崇下，德国开始了德国民法典是以"条文的形式写成的潘德克吞教科书"的历史实践。比较法考察实际上可以发现，无论在德国还是美国兰德尔时期，科学理性主义是导致法律形式主义化、概念主义化以及悖离实质理性的重要思想导向，因此，德国近代的理性主义法学思想无疑对其物权变动规则的形式主义化起到了重要作用。不仅如此，由于处于国家统一、民族独立和摆脱周边危机的历史背景与政治格局下的德国，在席卷欧洲的自由主义浪潮中，以一种独特的进路对自由进行反思和批判，因此，德国所形成的理性主义是绝对理性主义的体系。这一体系不仅使作为启蒙原则的"普遍理性"失去依据，并坚持市民社会将让位于现代国家以及"国家高于市民社会的学理框架"，①从而使支撑近代德国私法形成的法学思潮染上了浓厚的国家主义色彩。

（3）强烈的法典化倾向

尽管我们在对托伦斯制度环境的考察中发现，英国近代以来的不动产登记制度建构受到了显著的"集权"政治的影响，然而如果我们承认近代英国始终存在"个人—国家"的二元对立结构，其政府仍然属于一定程度的"有限政府"，那么，我们不得不惊异于其在德国面前的相形逊色：近代德国民法的生成完全笼罩在另一种政治哲学进路——威权主义国家的氛围下。诞生于民族国家主义背景下的潘德克吞民法更倾向于通过抽象的不受限制的国家权力而不是培育私人权利意识来实现和保障个体自由。这种国家主义下的私法呈现出理性化的建构主义特征——通过人为的法典城堡来描述和规范私人生活的各种生活场景，即

---

① 〔德〕迪特尔·拉夫. 德意志史——从古老帝国到第二共和国［M］. 波恩：Inter Nationes，1983：71.

以法典"一劳永逸、面面俱到地规定其臣民的所有生活关系"①。当法国民法典的起草者面对激进的近代科学理性不无警惕地指出"要防止那种试图预见一切、规定一切的雄心壮志"② 时，德国民法典的创制者们却在日益膨胀的理性信念指引下不断强化着制定"一部万能民法典"的恢宏梦想，以确保"社会政治、经济、文化生活等各方面的秩序井然"。③ 于是，在与德国长期分裂如影随形的法律分裂背景下，《德国民法典》也负有统一杂乱的法律制度并以此帮助形成一个坚如磐石的民族国家的任务。④

（4）价值中立理论

理性主义法学派认为，正确法律规则可以藉由逻辑推理而获得，而这些正确的规则确保了整个法律体系的严谨和完善，由此得出的体系不可能存在任何漏洞，因为他们完全都可以通过科学的演绎法验证和求得"隐藏在民族法律潜意识中"的新规则。在这一意义上，法律规则并不考虑任何伦理、政治或经济性的因素。毫无疑问，上述因素之所以遭到理性主义法学的排斥，其根源在于这些因素更加实质化，而实质化因素的介入无疑会使形式和逻辑的推理成为不可能，或者使得逻辑推衍得出的结论、规则失去了"普适性"。而在德国物权变动理论体系中，价值中立实际上成了阻挡对形式主义物权变动模式现实弊端的挡箭牌。

---

① 李猛. 除魔的世界与禁欲者的守护神，李猛编. 韦伯：法律与价值 [M]. 上海：上海人民出版社，2001：211.

② Locke. Two Treatises of Government [M]. Cambridge University Press, 1988：427.

③ 〔英〕哈耶克. 自由秩序原理：上 [M]. 邓正来，译. 北京：生活·读书·新知三联书店，1997.

④ J. H Merryman. The Civil Law Tradition [M]. Standford：Standford University Press, 1969：33.

2. 德国法系威权理性主义制度生态下的形式主义物权变动制度建构

显然，与作为自由主义传统起源、而在近代化过程中又部分地向国家主义倾向适度发展的英国相比，近代德国所呈现出来的威权主义，显著提高了"级别"——比较中肯地看，如果说美国是比较典型的自由主义国家，那么，英国可能是兼具自由主义传统和国家主义风格的两面性的政治体：它一方面表现出自由主义的传统，并且这种传统始终生生不灭，另一方面，它又呈现出一些国家主义的倾向。这两个方面的特征相互并存，交织影响，成为近代以来英国政治的两个侧面，但没有哪一个侧面会绝对地压制倒另外一面。英国的物权变动制度大体上也呈现出这样一种格局——它既蕴育了自由主义传统下的充沛的意思主义，又在向折中体系修正的过程中出现了显著的形式主义倾向（托伦斯制度），但自由主义的牵制，又使得托伦斯制度远远不可能快速彻底、一家独大地实施，因此，英国不动产登记制度的改革显得迟缓而犹豫，并且最终的改革方面也没有彻底实现形式主义的预期。而在德国，国家威权主义完全占据了主导地位，由此奠定了其法典框架下的形式主义意识流向的基础。

（1）物权绝对意识

对世界各国物权观念历史变迁的比较考察表明，如果说古典时代的物权以绝对性为普遍样态，那么，中世纪以来，随着交易实践发展以及人们控制物权能力的提高，物权逐渐从绝对化走向了相对化，典型的就是所有权人对脱离占有的标的物的控制。这一转型尤其在普通法上体现得至为明显。到 16 世纪，普通法已经形成了典型的相对主义物权观，"当事人不必证明他对财产的主张优于任何他人，他只要证明他的请求优于他方当事人就可以了"①。"当事人均欲使财产发生移转时，所确定货物的财产就从卖主手中流转到买主手中。"② 然而德国法则完全不同，历史和科学理性主义进路下的德国法，从来就没有过哪怕一点意思主义潮流的倾向，相反，却在对罗马法和日耳曼法的继受中形成了坚若磐石的绝对物权理念。物权是绝对的、对世性权利，这意味着凡不具有绝对性排他效力的权利就无法称为物权。而到了物权变动环节，绝对物权理念意味着在交付——转移占有之前，物权将无法完成其变动。显然，绝对物权观与形式主义的物权变动模式之间存在着紧密的逻辑关联。

（2）物权—债权二元区分理论

以物权绝对为原点，德国近代民法又将基于合同而形成的当事人之间的内部请求权界定为"债权"，并将其与物权相对立。由此形成了物权与债权严格区分的法律体系。不仅如此，整个德国民法典也建立在这一区分体系之上。在德国民法典中，物权和债权分设编章，二者互不交融。因此，现实生活中基于合同的物权转移在这里竟然分别受物权法和债权法控制，物权法不涉及合同，合同不涉及物权。作为民法典编章设计的重要架构以及民法理论的重要基点，物权和债权区分理论对德国法系的物权变动理论（包括不动产登记规则）产生了重要影响——它意味着在一个物权变动合同中，受让人基于合同所获得的只能是一个债权，因此，合同并不能变动物权，严格来说是与物权变动"无涉"的，直到受让人依据交付或等而实现对标的物的实际控制，受让人都不曾获得物权，这就为形式主义物权变动模式提供了完备的理论支持。

---

① 〔美〕迈克尔·D. 贝勒斯. 法律的原则［M］. 北京：中国大百科全书出版社，1996：146.
② 〔英〕F. H. 劳森 B. 拉登. 财产法：第二版［M］. 北京：中国大百科全书出版社，1998：65.

（3）物权法定

德国物权法树立了物权法定的基本原则，通过法定化的机制，对物权的类型和公示方式进行了明确的限定。一方面，物权类型的法定化对封建时代的土地权益类型进行了重新整理，明确规定了法律所保留的物权形态，凡法定类型之外而由私人创设的物权，皆不具备物权效力。另一方面，公示方式的法定化直接确定动产以交付为其变动的外观标识，而不动产则以登记为其物权变动的外观标识。

综上所述，德国近代以来形式主义物权法理的形成有其深刻的政治历史原因。较之普通法中诞生的托伦斯制度，德国物权变动理论在宏观和微观层面都构建了庞大的理论体系，形成了一个严密的"铁桶阵"：在科学理性主义、历史民族主义、政治国家主义的宏大背景下，在价值中立主义、法学概念主义的法学思想支撑下，在"物权绝对 + 物债区分 + 物权法定 + 公示公信 + 物权行为 + 不当得利"等系统化理论的严密控制下，我们可以清晰地体会到其理论的庞大与威严。正是这样一个宏大的理论体系，确保了形式主义理论不可撼动的地位。相比而言，普通法领域同样受到国家干预思潮而产生的托伦斯制度几乎是裸体上阵，① 更何况在民主宪政理论发达的美国，不被批判得体无完肤并败下阵来那才是奇怪的。

国家在私法关系的形成到消灭过程中从来就不是一个旁观者。② 当国家权力的强盛打破了个人与国家的二元对立格局而一家独大的时候，

---

① 普通法领域在推行托伦斯制度的过程中也萌发出了类似物债区分的理论，不过比较模糊，也远未取得类似德国法系的气候。Rosemary Langford, 'The In Personam Exception to Indefeasibility' in Rosemary Langford and Julie Dodds Streeton, Aspects of Real Property and Insolvency Law, Research Paper No. 6, Adelaide Law Review [J], 1994: 91, 121 – 122.

② North, D. C., Institutions, Institutional Change and Economic Performance, Cambridge, 1990。转引自苏永钦. 私法自治中的国家强制 [J]. 中外法学, 2001 (1).

私法制度则将表现出截然不同的景象，这充分地体现在以"国家主义秩序观"为基调的大陆德国法中。于是，当诺成契约在物权变动世界中的反复实践逐渐拨开古典事实物权的神秘面纱，并在普通法世界中逐渐催生出多元表象支撑下的意思主义物权变动规则的时候，固守传统的交付作为物权变动核心标志的天然便利性以及将不动产物权变动与登记捆绑所具有的更为突出的管理上的便利，使得近代德国私法在与古典物权形式主义传统一脉相承的意义上走上了与普通法完全不同的道路。显然，在强烈的国家干预背景下，更容易为一个大一统的政权所接受的，必定是一个严格统一的法律模式，因此，将物权变动的外观形式归结并限定为一种单一而明确的形式——尤其在不动产领域"登记，否则无效！"——自然是一种更受国家青睐的方式。循着这一进路，我们很容易发现极端形式主义模式与政治国家干预背景之间的内在关联。如果说作为"自由之根基"① 的美国法所展示的是在较少受到国家干预的场景下，不动产登记制度从意思主义向对抗规则自然演变的天然轨迹和生动图景，那么在以"威权主义国家哲学"和"管治科学"（Polizeiwissen-schaft）② 为基调的大陆德国法系，其制度生长显然呈现出相反的超理性化和建构主义进路。

由此可见，当制度比较触及作为制度形成外围环境的政治哲学差异层面时，不同法系风格迥异的"自由主义"政治哲学路径让我们看到了"私法与政治互动"的生动场景。德国法在理性主义以及历史法学所倡导的民族精神的引导下高度承继了日耳曼法的内在传统；而普通法中的美国法作为最能代表普通法精神的一支，远离了日耳曼与罗马法的

---

① Russel Kirk. The Roots of American Order［M］. La Salle. Illionis：Open Court，1974：190.

② Michel Foucault, Sécurité, territoire, population, Cours au Collége de France, 1977 - 1978, Seuil/Gallimard, Paris［M］, 2004：325.

形式主义传统，以自由者的姿态完美地实现了财产流转规则中物权变动模式从古典形式性规则向对抗主义的历史变迁。当然，形式主义受到强烈的国家管制政策的支撑而屹立不倒，并不意味着其获得了制度的正当性，而正如戈特舍德在其《诗的规则大系》中对诗的创作所做的种种束缚和限制，严重忽视了诗人的创造性，给文学加上了呆板的条规，限制了创作的自由一样，过分强调法律的形式、程式化，也使得法律不免远离生活，从而过于偏离了实质性的法律价值追求，如果我们不否认自由作为人类普世价值的地位，那么，德国形式主义物权变动制度的运行一定是以损失了产权秩序之自由为代价的，至于这一代价的付出是否值得，就只有让德国人自己体会了。

六、从权力治理（管制）到市场治理（自治）

——物权变动模式转型的政治哲学评价

前文经由经济与逻辑等层面对对抗主义模式正当性的证成隐含着一个假设条件——仅在市民社会条件下进行规则的建构和探讨。然而这只是一种理想设计，实际上在私法关系的世界中，政治国家"从来就不是一个旁观者"①。将私法规则的形成与演变置于市民社会与政治国家二元结构的关系视野中不难发现，国家权力与生俱来的强大天性使其常常无孔不入地渗入私人生活，从而"擘画出一个强悍的国家形象"②。某种程度上，正是二者的博弈关系形塑了私法制度建构的不同形态。而在与公共政策息息相关的物权法领域，国家干预的不同程度同样导致了各国

---

① North, D. C., Institutions, Institutional Change and Economic Performance [M]. Cambridge, 1990.
② 易军. 私人自治与私法品性 [J]. 法学研究, 2012 (3).

物权法之间的深刻差异。① 对物权变动制度而言，凸显其政治意蕴的意义在于，借助国家干预与市场自治的博弈关系原理，我们可以在制度史的层面更清晰地把握各国物权变动制度的意识流向与结构特征。

沿着这一进路进行透视，在作为"自由之根基"② 的普通法和法国法领域——最典型的是美国财产法展示的有关善意对抗规则生成和演变的生动图像中，我们可以清晰地观察到在较少受到国家干预的场景下，对抗主义物权变动秩序自由生长的轨迹。而在以"威权主义国家哲学"和"管治科学"（Polizeiwissenschaft）③ 为基调的大陆德国法系，其制度生长却呈现出相反的超理性化和建构主义进路。当法国民法典的起草者面对激进的科学理性发出"要防止那种试图预见一切、规定一切的雄心壮志"④ 的警告时，德国民法典的创制者们却在日益膨胀的理性信念指引下不断强化着制定"一部万能民法典"的恢宏梦想，以确保"社会政治、经济、文化生活等各方面的秩序井然"⑤。显然，在强烈的国家干预背景下，将物权变动的外观形式归结并限定为一种单一而明确的形式——尤其在不动产领域"登记，否则无效"⑥ ——自然是一种更受国家青睐的方式。循着这一进路，在比较法意义上，我们很容易发现极端形式主义模式与政治国家干预背景之间的内在关联。所以，与改革过程中反复遇到的某些带有共通性的问题一样，对于物权变动模式的选

---

① Sjef van Erp, Comparative Property Law, Mathias Reimann & Zimmermann, the Oxford Handbook of Comparative Law, Oxford University Press［M］, 2006：1044－1045.

② Russel Kirk. The Roots of American Order［M］. La Salle. Illionis：Open Court, 1974：190.

③ Michel Foucault, Sécurité, territoire, population, Cours au Collége de France, 1977－1978［M］. Seuil/Gallimard, Paris, 2004：325.

④ 〔法〕马利·波塔利斯. 法国民法典草案引言［M］//冉昊, 译. 民商法论丛：46卷. 北京：法律出版社, 2010：463.

⑤ 莫伟民. 管治：从身体到人口——福柯管治思想探究［J］. 学术月刊, 2011（7）.

⑥ Kate Green and Joe Cursley, Land Law, fourth edition［M］. Palgrave Publishers Ltd, 2001：141－142.

择而言同样可以套用一个时髦的表述——"究竟应该通过权力还是市场来治理？"而其表述的民法学转换就是：对于物权变动模式这一产权交易秩序的基本框架应该遵循何种规范配置技术？

从社会秩序治理策略角度来看，形式主义模式以国家干预背景下的物权法定、物权绝对观为基础，按照"在预见一切的同时简化一切"的思维模式将物权变动的外观界定为单一形态，其制度建构方法中浸染着强烈的唯理性主义和目的导向哲学。然而现代社会作为一个庞大而复杂的有机体，具有突出的分散性和易变性，每个独立个体的社会成员基于各自偏好和特定情势而追求的个人目的往往带有鲜明的个人烙印和与众不同的特质，① 信息不对称决定了每个人都不大可能知悉其他人独立追求的特定目的，同样身处结构性无知状态的立法者也概莫能外② ——其不仅在很大程度上不可能全然知悉各人所追求的特定目的，而且更不可能体认到这些目的的重要性差异并将之整合为一个统一的目标和模板。因此，试图预见一切的立法思维不但危险，更"是一个根本不可能达到的目标"③。而以家长式（true paternalism）干涉性偏好（meddlesome preferences）为潜在话语的形式主义理论试图以某种单一的手段——占有或登记——统辖物权变动秩序，这种高度设计、理性化和集中了的物权变动秩序所追求的价值目标虽然清晰可鉴，却严重忽略了交易环境的复杂性以及个体交易行为的多样性、差异性和偶然性，其所依赖的管制性资源配置理论，实际上折射了典型的计划经济思维。若将其置于市场化环境中，其极端化的立场必然转化为内在的道德风险（in-

---

① 易军. 私人自治与私法品性［J］. 法学研究，2012（3）.
② 易军. 私人自治与私法品性［J］. 法学研究，2012（3）.
③ 〔法〕马利·波塔利斯. 法国民法典草案引言［M］. 冉昊，译. 民商法论丛：46卷. 北京：法律出版社，2010：463.

herent moral hazards）① ——诸如刺激一物二卖、过分纵容第三者放弃应有的审查义务等——而不可避免地在终极意义上导致物权变动领域的政府失灵（Government Failure）。由此可见，无论形式主义的理想——期望物权能在单一化的公示表象统率下呈现出"镜像"乃至"水晶"般的清晰度——多么具有诱惑力，在复杂多变的交易场景中都终将沦为浪漫主义的理想。与高度简化的"目的导向"哲学相反，市场条件下的制度安排应当首先以市场调控机能为基础，为人们的行为提供恰当的引导和激励，从而实现资源的有效配置，而对权利的界定与配置实际上就是资源配置的法律表达。正是在这一意义上，将问题回归到民法规范配置层面，我们可以说，在以"看不见的手"而非政府干预为主导性配置机制的物权流通秩序中，物权法应当采取与合同法一致的政策立场，即"遵循意思自治原则，主要依靠任意性规范进行调整"②。以自由秩序原理为基础的对抗主义模式，在充分借助国家登记体系资源优势的同时又为制度建构预留出相应的私法空间，在任意登记的前提下，通过"公示即获得物权排他效力"这一激励机制可有效调动当事人的公示动力，其合理性就在于暗合了配置效率这一经济学的基本逻辑。

在结构意义上，形式主义和对抗主义两种物权变动模式有着截然相反的逻辑基础和制度体系。前者从绝对物权观出发，奉行公示表象的一元化、交易安全的绝对外化和强制登记体系；后者则以相对物权观为基础，遵从公示方式的相对多样化、折中主义交易安全观和任意登记体系。不唯如此，制度史的考察更显示，形式主义与对抗主义模式之争本质上折射的是物权流通秩序建构中市场和政府两种手段之争。形式主义以管制哲学为出发点，热衷于通过明确刚性的"目的导向"规则擘画

---

① Pamela O'connor, Immediate Indefeasibility for Mortgagees：A Moral Hazard? ［J］. Bond Law Review, 2009：121.

② 王轶. 论物权法的规范配置 ［J］. 中国法学, 2007 (6).

步调高度一致的刚性物权流通秩序，以期最大限度地实现"动态"交易安全；而对抗主义则以私法自治为核心价值，致力于一个以交易形态多样化和市场机制为基础的弹性规则体系，以求为"一切社会成员成功地运用他自己的知识去实现自己的目的提供最好的机会"①。显然，二者之间的冲突折射着社会治理理念的本质差别。

现代国家治理的哲学进路表明，作为社会治理中最为活跃的因素，管制始终游走在自由主义和干预主义这两种政治合理性之间。② 将这一原理引入微观层面的物权变动秩序建构中，值得深思的问题依然是：为什么必须管制（government）？③ 以登记管制物权流通秩序是否真有其必要性、可行性和合理性？产权交易秩序的清晰有效是否必须付出交易行为的格式化、产权的强制登记以及管制过度的代价？面对城乡二元结构下产权习惯的巨大差异、产权登记的部门分割和查询障碍、登记覆盖范围上的参差不齐以及纷繁复杂的市场交易需求等，物权变动秩序中的国家干预和放任自由，何者更具必要性和可操作性？显然，对上述问题的回答构成了物权变动制度正当性不可逾越的哲学基础。

私法的否定性品质决定了其规则配置当以消极性条款为主，即个人在决策过程中只受正当行为规则的指导，而不受具体命令的支配。④ 而"非经登记物权不生效力"原则，无视物权流通秩序的多样性和复杂性，执意以一刀切的模式将分散的个人交易偏好整合为一个超越私法的目的，并强求社会成员加以执行，显然，形式主义模式所塑造的不是市场经济秩序中自由行为的发动者，而是"规范化"（normalization）的

---

① 〔英〕哈耶克. 哈耶克论文集［M］. 北京：首都经济贸易大学出版社，2001：124.
② 莫伟民. 管治：从身体到人口——福柯管治思想探究［J］. 学术月刊，2011（7）.
③ Michel Foucault, Naissance de la biopolitique, Dits et écrits, III, 1976 - 1979 ［M］. éditions Gallimard, Paris, 1994：820.
④ Ulen, T., Direktiven und Standards, a. a. O., S. 360, mit weiterführenden Literaturangaben.

对象和工具。这种国家主义语境下以"政治中心化"为基础的自上而下的强加式规则系统对现实生活世界的导控和宰制①，使得物权变动秩序变得自动化、非人格化和非个体化了，从而在实现其"理想化社会秩序"构建的同时也不免使个体陷入了"从按自己的决定和计划行事的自由主体沦为了实现政治目标的工具"②的风险中。显然，形式主义模式对政治所惯常诉诸的"强制性工具"的沉迷，不能不让我们产生警惕，任何权力关系的维系，都必然意味着个体自由的损耗③和高额的资源维持成本。为求保障私人自治，"法律和政治必须分开"④，只有放逐了政治力量对私法的影响与渗透，让"政治的归政治、私法的归私法"，才能达到私人自治这一私法最为崇高的价值目标。⑤ 尤应看到的是，在当代社会改革与转型的总体背景下，中国民法理念正在经历一场从国家本位到个人本位、从计划强制安排到个人意思自治的深刻变革，在这一过程中，物权变动模式从形式主义向对抗主义的过渡和转型，恰是民法制度从管制走向自治、从依附走向独立的一个时代缩影。

① 高鸿钧．英国法的主要特征：下［J］．比较法研究，2012（5）．

② 〔英〕甘布尔．自由的铁笼——哈耶克传［M］．王晓冬等，译．南京：江苏人民出版社，2002：4.

③ Kate Green and Joe Cursley, Land Law, fourth edition ［M］．Palgrave Publishers Ltd.，2001：141 – 142.

④ Andrew Altman, Critical Legal Studies：A Liberal Critique ［M］．Princeton University Press，1990：27.

⑤ 易军．私人自治与私法品性［J］．法学研究，2012（3）．

第十章　中国物权变动制度的传统
进路与未来转型

　　对大陆法系（包括作为其分支的德国法系和法国法系）以及普通法系（包括作为其分支的英国法系和美国法系）物权变动制度的系统分析表明，若以"古典形式主义—意思主义—对抗主义"这一理性化物权变动制度演进规律进行透视不难发现，受诸各种因素影响，在迈向现代物权的漫长历史时空中，物权变动制度在不同法系的历史河流中沿着不同的轨迹蜿蜒而行。普通法在经验哲学实践的引导下，法国法在自然法思想以及自由主义精神的支撑下，最终都迎合了物权演进的基本规律，成为物权变动模式演进的主流派系。而德国法则在抽象历史哲学、科学理性主义以及政府过度干预理论的牵扰下陷入了形式主义的危机，从而远离了制度演进的理性化轨迹。而对德国法的跟随则使我们不幸地属于那条支流。

　　而当我们将产权登记制度与一个国家在不动产领域的制度生态背景相联系，并发现其中的政治哲学关联后，我们不得不追问，当下中国物权变动模式的总体环境是怎样的？在社会转型的背景下，决定制度建构的基本环境正面临着何种变化与可能？这一趋势对我国未来物权变动制度改革又有哪些启示？显然，这是当下民法典关于物权变动制度改革无法回避的问题，也是我们研究物权变动制度的初衷与归宿。

一、中国古代田产交易制度中的国家主义传统

我国古代对于田产交易就极具国家干预之传统。"田宅作为中国古代社会的主要生产和生活资料，是历代官府统治的经济基础。因而中国历代官府对于田宅的典卖交易都极为重视，设置了严格的法律规定予以规范控制。"① 自唐宋以来，土地交易日趋频繁，调整不动产交易的法律制度也日益完善。为防民间隐瞒土地面积，使官府税收受到损失，政府逐渐发展出通过官契（红契）对田产交易实行国家管制的产权治理模式。凡私人田产交易不通过契税程序过割纳税者，官府对私人之间的白契一概不予认可，"土地交易都凭借砧基簿记录"②，从而形成了我国古代不动产物权变动制度中的国家干预传统。

（一）从"白契"到"红契"：中国古代物权变动制度的私人空间与国家影像

我国古代就有了通过合同（契约）进行物权交易的实践。前文所述，与古典法时代的形式化物权变动规则一致，我国古代的物权变动规则也呈现出典型的"形式"化特征。但与法国法和普通法不同的是，由于我国古代"重农抑商"，商业不发达，而以农业为主导产业。在典型的农业社会中，物权交易极其注重在当事人之间的安全性，因此，意思主义模式一直无由产生。相反，为了确保熟人社会的物权交易安全，古典的仪式性物权变动特征获得了较好的延续，逐渐演变为中人主持、

① 姜茂坤. 论民国初期"物权契约理论"的发展［J］. 北方法学，2008（6）.
② 赵冈，等. 中国土地制度史［M］. 北京：新星出版社，2006：57.

亲邻见证加书面契约的形态。在这种形态下，物权变动实际上保持着以见证性合同为主导的形式主义风格，并在中国古代漫长的农业社会中保持了较高稳定性。这种契约虽然参与人众多，但其目的仅为确保交易之安全，因而纯属私人之作，故在中国古代私法实践中被称为"白契""草契"或"私契"。

随着社会的发展和国家对私人生活的干预加强，以私人为主导的形式性物权变动契约——白契开始受到国家的影响。《隋书·食货志》记载："自晋过江后，凡货卖奴婢、马牛、田宅，有文券。"① 官府对买卖交易的行为颁发"文契"，交易当事人在缴纳4%的契税之后，由官府对契约文书加盖官印。国家通过颁发格式化定制化契约，需有以中证人的身份介入民间买卖交易，保证买卖顺利进行之目的，但主要目的还在于扩大税源，充实财政收入以为备战。将契约作为收税依据的契税制度自东晋诞生以后，中国古代的买卖契约发生了巨大的变化。人们开始针对买卖交易行为订立"文契"，即加盖了官印的契约，并将此类加盖了官印并作为收税凭据的契约称之为"红契"或"赤契"，而对未完税的契约，上无官府红印的称之为"白契"或"私契"。因此，可以说"红契"与"白契"是伴随着契税制度的诞生出现的。

（二）红契与白契的发展

契税制度自东晋建立以后，历经南朝宋、齐、梁、陈，至唐代获得更大的发展，即要求订立书面契约的对象涵盖了奴婢、马牛驼骡驴等特定类型物。按照《唐律疏议》的规定："诸买奴婢、马牛驼骡驴，已过价，不立市券，过三日笞三十；卖者，减一等。立券之后，有旧病者三

---

① （唐）魏徵等撰．隋书：卷24《食货志》[M]．北京：中华书局，1973：689.

日内听悔，无病欺者市如法，违者笞四十。"① 要求买卖双方必须履行订立市券这一程序。虽然加盖了官印的市券能作为当事人请求国家法律保护其利益的依据，但显然官方的目的是为了契税的征收，因而在契约实践中只要求交易双方缴纳契税，而契约的形式及契约条款内容几乎完全依靠民间交易习惯调整，官方对一般的买卖只制定了一些原则性的规定。

及至宋代，商品交易空前繁荣，为了稳定社会秩序和保障国家的契税征收，国家政权开始全面介入民间买卖契约的订立。为此，北宋政府首次对买卖契约的格式、内容做出了统一规定。随着印刷术的普及，北宋政府开始发行由官府统一印制的格式化契券，即官板契纸。官板契纸不仅使契约格式进一步整齐划一，确保了契税的征收，而且导致红白契称谓在后世的进一步发展，即人们将使用官板契纸订立的契约称为"官契"，民间自行起草的契约则称为"草契"。据《文献通考·征榷·牙契》曰："南宋宁宗嘉定十三年：今但立草契，请印纸粘接其后。"②草契不具备向官府纳税的资格，只有草契与印纸粘连在一起才能闻官纳税，纳税后会在粘接处骑缝钤印，这种将民间草契粘连在官契之首而形成的契约称之为"粘二契"。粘二契既确保了草契的有效性，又加强了政府对契约的干预和管理。在宋以后的民事契约中，粘二契逐渐成为一种交易习惯，并在中国实行了很长时间。元代在承袭宋代契约形式的基础上，又做了进一步的改观，即将官板契纸分为两联，正契叫作"契本"，存根叫作"契根"，并由官方予以保留。《元典章》规定："户部行下各处和买纸札印造，发去办课。"③

---

① （唐）长孙无忌等撰．唐律疏议：卷26《杂律》［M］．北京：法律出版社，1999：538.

② （元）马端临撰．文献通考：卷14［M］．北京：中华书局，1986：143.

③ 元典章：卷22《户部·契本·就印契本》［M］．北京：中国书店，1990：395.

契税制度在实施的过程中，暴露出许多弊端，影响了制度的实施效果。其中，最严重的问题是民间业户和地方官员偷漏契税。一些地方官员私收钱款，暗自向交易双方发放红契，或者直接贪污契税收入，致使契税收入下降。针对这种现象，明清政府创制契尾之法，要求民间田宅买卖契约订立后要呈官纳税，然后由官方给发纳税凭证——契尾，同时与白契粘连，加钤官印成为红契，获得官方认可后方具有法律效力，其核心目的是防止官吏贪污税收和防止业户偷逃契税。粘在契本之后的税收凭据——契尾，是官府颁发给纳税人的税契凭证，也是区分红契与白契的根本标志。红契在田宅买卖契约中之所以能成其为红契，是因为契尾的存在，契尾是红契的一部分。没有了契尾这样一个纳税凭证，田宅买卖契约就只能是白契。而买卖的土地能否过割，即能否最后完成土地所有权的转移，端在有无契尾为凭证，推手过割之时，"查无契尾"，不仅不准过割，还要"依律问罪，仍追产价一半还官"[1]。

（三）白契制度的安全性

为保证交易安全，古代在交易实践的基础上发展出一套系统规则，对白契加以完善，以确保白契交易的有效性。其一，通过"先问亲邻制度"使得田产的买卖多发生与亲邻之间，从而有效地降低了包括欺诈等在内的瑕疵交易风险。[2]　其二，通过"中人制度"为产权转移提供高效且低廉的公示服务，最大限度地保证交易的稳定与安全。其三，通过"上手契"制度保障交易的稳定与安全。"其地田地无丈尺，边界多

---

① 周绍泉. 田宅交易中的契尾试探［J］. 中国史研究，1987（1）.
② 根据学者统计，安徽祁门《洪氏誊契簿》保留的103件明代土地买卖契约中，同宗之间交易的有63件，占了61.17%；地邻8件，占7.77%，亲邻合计占2/3以上。参见叶显恩. 明清徽州农村社会与佃仆制［M］. 合肥：安徽人民出版社，1983：58.

不清楚，若无老契可凭，买后多生纠葛，尤恐有冒卖情事"①，上手契能提供清晰的产权界限，能有效地降低买方的风险，防止卖方伺机偷卖他人田产，避免了与土地四邻的界限纠纷。白契制度良好安全性决定了其不依赖于官方保障即可良好运行。

（四）白契制度的成本优势

红、白两契在交易成本上存在着巨大差异，官方推广红契的主要目的是为了征收契税和田赋，至明清以来，国家契税税率不断提高，买契的契税税率从3%提高到9%，典契也从不税契转变为加收6%的契税税率。此外官吏在经办税契的过程中加剧盘剥百姓，极大地增加了交易的成本。对按期投税者来说，其费用尚且如此，若是逾期投税者，还须缴纳罚金，其负担将更重矣，即使按期投税，如计入经办书吏额外勒索的各项费用，其数目亦不止此。所以民众对契税争相逃避，这与官府将红契视为一种重要的税收工具不无关系。而与红契相比，白契在交易中的费用则要低得多。白契交易只需支付参与的第三方以相应的报酬即可，包括中人、代书人的报酬，向卖主的亲邻、上手业主支付画字银以及交易完毕后举行宴席的费用等。根据《中国民事习惯大全》的记载，这些费用因地区不同而有所差异，并且在交易中的分配比例也存在一定差异，但总的费率在绝大部分地方都维持在5%左右。红白两契在交易成本上的巨大差异，以及白契所暗含的互惠利益，无疑使民间更乐意采用习俗认可的白契来保证交易的顺利进行，而对官方的红契交易持厌恶、甚至是逃避的态度。

---

① 法政学社编. 中国民事习惯大全：第4册［M］. 上海：广益书局，1924：6，8.

（五）红契与白契的基本关系

在中国古代，契约是证明所有权合法性的最重要证据，当产权发生争议进行判定时，真实有效的契约的证明效力一般要高于其他证据。在红契代表国家，白契代表私人的二元结构下，人们普遍认为红契的效力当然要高于白契，《写契投税章程》规定："民间嗣后买卖田房，必须用司印官纸写契。违者作为私契，官不为据。"① 说明只有经官府钤印的红契才能成为请求法律保护的依据。另外，雍正十三年（1735 年）规定："凡红契典卖的旗地，可全价予以回赎；而白契典卖的旗地，则仅付半价或不给价回赎。"② 可见，白契的举证效力不及红契，这些似乎都印证了人们普遍认为的观点。但在司法实践中，红契是否具有绝对的官方权威并被无条件认可？红契的效力当然高于白契吗？

实际上，由于红契的出现主要是政府税收的"副产品"，这就决定了若仅以税收这一原因而"捆绑式"否认未契税为"红契"的交易，似有不公之嫌。而承认白契的效力，无疑又会对红契的推广和税收产生显著的削弱效应，因此，有关红契白契效力的比较和对二者的态度，历来是中国古代司法政策中颇具困扰性的问题。一方面，司法多有因未"契红"者而遭受否认乃至处罚的实例，尤其在税收形势严格的历史时期；另一方面，纵观中国古代红契产生后的千余年间，红契始终无法对白契构成绝对性的压制和否认，相反，白契制度绵延不绝，在红契的压抑下保持着旺盛的制度生命力。

中国古代在民事契约方面遵从"官有政法，人从私契"的国家法

---

① 张传玺．中国历代契约会编考释：下册［M］．北京：北京大学出版社，1995：1464.

② 张晋藩．从晚清修律官"固有民法论"所想到的［J］．当代法学，2011（4）.

和民间法并存互补式的二元法律结构。① 律法虽明文规定不认可白契的效力，但民间习俗承认白契，白契在现实生活中也具有产权证明的效力，成为公认的地权证书。田宅交易中的先问亲邻制度、中人制度以及卖田须交上手老契的民间习惯法又赋予白契公示、公信力，从而保证了白契交易的安全与纠纷的及时解决，避免了与官府打交道的烦琐。即使遭遇诉讼，官吏并不必然绝对否定白契的有效性。在龙岩县民林景庵告李允标等案中，司法官徐士林在判决中指出"若止以先后买契一时同税，即指为伪造，彼乡间愚氓，希图省费，有买产而数年不税契者，更有买产而数十年不税契者，一遇争讼，联翩投税，往往皆然，听讼者将概断为伪契乎?"② 他对初审县令以先后不同的时间买契但同时缴纳契税为由，断定契约是伪造的说法大加训责的做法即印证了这一点。

实际上，白契在确立、变更和解除民事关系方面的效力，与红契并无差别。在很多情况下因为田宅产权交易关系简单清楚，买卖顺利成交，买主有把握不发生产权纠纷，所以白契成为一种相当重要的契约交易类型。在牟奇翠买田一案中，③ 虽然买受人没有任何过错地从有权处分人处买得田宅，并办理了税契等手续，但只因田地内有刘姓祖坟就断令红契无效。这说明了在司法实践中，即使是红契也并非绝对有效。雍正八年（1730 年）定例："（卖产）倘已经卖绝，契载确凿，复行告找告赎；及执产动归原先尽亲邻之说，借端指勒，希图短价者，俱照不应

---

① 秦强. 乡土社会与法律二元结构，民间法：第 3 卷［M］. 济南：山东人民出版社，2004：138.

② 陈全仑等主编. 徐公撤词一清代名吏徐士林判案手记［M］. 齐鲁书社，2002：427－430.

③ 清熊宾《三邑治略》卷 4 有《讯牟奇翠一案》。又见杨一凡，徐立志主编. 俞鹿年，李琳，高旭晨整理. 历代判例判牍：第 12 册［M］. 北京：中国社会科学出版社，2005：9.

重律治罪"①，该案也表明了白契在正当的情况下并不容易被推翻。在清代的案例中，一旦遭遇争执诉讼的情况，当事人会向官府补税，以防止没有缴纳契税的事情被官方知晓而受到责罚。

总体而言，明清时期，白契在田宅交易中呈现出较高的活跃性。例如，《明清徽州社会经济资料丛编》上、下两集中共收录徽州地区田宅买卖契约 1025 份，从这些存留的上千份的徽州契约文书中，发现白契多达 300 多份，尤其是在清代时期，共发现田宅买卖契约 328 份，白契多达 117 份。虽然明清徽州地区的红契占大多数，但在山西丁村发现的清代 44 件田宅买卖契约中，"白契就占了全部契约的 89%"②。《贵州苗族林业契约文书汇编》第 1 卷所收的 279 件山林卖契中，盖有官印的红契只有 9 件。白契除盛行于绝卖契之外，还活跃于典契与田皮契约中。黄宗智先生考证："因为田面权所有者没有纳税义务并根本就不在国家税册上，他们可以通过非官方的'白契'进行换手，而不是按规定到衙门注册并为正式的'红契'付税 3%。"③

二、清末以来德国法"威权主义"进路的主流继受

鸦片战争后，晚清帝国风雨飘摇，大一统的国家权力对社会的控制力也相应削弱，社会进入"千年未有之变局"。在西学日盛、民主思潮迭起的社会背景下，物权变动制度的变迁中也出现了注重当事人个体意思的倾向。及至民国初期，大理院的司法判例频繁出现运用对抗主义理论进行判例的记录，"对抗"用语在大理院判例中的频繁使用表明，此

---

① 《清会典事例》卷 755。

② 张正明. 清代丁村田契研究 [J]. 中国史研究，1990（1）.

③ 黄宗智. 法典、习俗与司法实践 [M]. 上海：上海书店出版社，2007：353.

一时期"意思主义物权效力对抗的变动模式"甚至一度成为法律人的主流意识或者"通说"。①

　　然而源于中华法系长久以来的国家干预主义倾向、法典化情结以及民族国家主义复兴意识上的外部相似性等因素合力所向，西法东渐中的中国在近代法律移植的浪潮中明显表现出"轻英美而重欧陆"之倾向。按照诺斯的路径依赖（Path Dependence）理论，在有着两千多年封建专制传统的中国，固有民事习惯和政府管制型田产交易制度表象与其背后的社会高于个人的民族心理性契合，不可能不对立法选择产生决定性的影响。在此情势下，无论封建统治者还是专业法学家阶层都不会认同以个人意思自治为主导的法国登记制度，而德国登记生效主义被吸收入律更显得顺理成章。"刚好泰西最新法律思想以及立法趋势与中国原有的民族心理相吻合，简直天衣无缝。"② 于制度变迁之深处观之，实际上这恰是"前见"理论在我国清末法制转型中的体现。正是在上述背景下，在主流意识领域，从《大清民律草案》到《民国民法典》，国家主导下的立法终究改变了司法实务中柔性的"意思主义"尝试而转向了刚性的形式主义的管制模式。《大清民律草案》第 979 条规定："依法律行为而有不动产物权之得、丧及变更者，非经登记，不生效力。"《民国民法典》第 758 条规定："不动产物权，依法律行为而取得、设立、丧失及变更者，非经登记，不生效力。"

　　自《民国民法典》正式确立形式主义物权变动模式之后，大陆物权法关于物权变动问题的研究在民法理论界始终占据重要位置，有关形式主义物权变动规则之具体问题以及抽象意义上的"物权行为理论"都成为学界关注的热点。即以民国时期为例，有关物权行为的研究十分

---

① 姜茂坤 . 论民国初期"物权契约理论"的发展［J］. 北方法学，2008（6）.
② 潘维和 . 中国民事法史［M］. 台北：汉林出版社，1982：116.

热烈，相关成果层出不穷。

从制度生态的角度来看，我国自清末私法转型至民国最终确立以德国为主流的形式主义模式并非偶然。一方面，我国古代物权变动模式无论在红契还是白契规则下，都具有十分典型的形式主义属性。换言之，无论古代田产交易中红契与白契如何较之博弈，但二者在物权变动模式的本质上还是一致的，都是典型的形式主义而非意思主义，这意味着我国古代始终没有孕育出充分的意思主义规则与精神。及至清末社会转型时期，社会变革虽然引入西方近代资本主义自由思想，但终究以中国帝国崩溃，风雨飘摇之社会情势所迫，自由主义思潮无法承担社会改革之主导使命，在内忧外患的情势下，中国政治格局迫切要求以强有力的权威力量来实现中华帝国排斥外来侵略、实现民族振兴之时代使命，因而中国的宏观政治格局更倾向于德国式的发展道路。清末民初，我国始终与德国保持了较好的外交关系，政治社会亦多受德国之影响，即于第二次世界大战之初，德国仍然在政治、军事、社会等各层面保持着密切的对华联系。这一外围制度生态的自由主义与威权主义线索与近代中国社会转型过程中物权变动模式中意思主义的"昙花一现"以及形式主义的最终确立，实际上也构成了具体制度与宏观制度生态之间的遥相呼应。

三、中华人民共和国成立以来的进路：计划经济
管制下的形式主义

在古代长期盛行的红白契形式主义的历史传统内因和德国法移植的外因共同作用下，我国私法在近代转型中走向了形式主义道路。中华人民共和国的成立虽然断裂了民国私法传统，但从物权变动制度的外部环

境上看，形式主义的倾向不是削弱了，而是加强了。中华人民共和国建立后的前 30 年间，物权变动制度在"脱法"的情况下，更多地嵌入了"政策性"因素，① 这种情势下的物权变动虽然充分体现了国家意志，但由于其主体的国家属性，并非真正私法意义上的意思主义。改革开放之后，民事法律恢复阶段，受诸计划经济时代的管制政策强势延续的影响，物权变动制度迅速导向形式主义。我国理论界由此继受了德国形式主义理论的主要流派，并形成了以形式主义为中心的强大声势，形式主义模式的优势和弊端也充分显现。随着改革的逐步深化，与之相适应，物权变动制度开始由高度形式主义倾向而松动，对抗主义模式借此而生，在物权法的格局下形成了形式主义与对抗主义交错并行的格局。从未来制度发展趋势来看，我国当下物权变动理论研究应加强对抗主义理论原理、体系与规则的深入研究，推动我国当下物权变动制度的进一步改革。

如果以改革开放为起点来考察我国当代物权变动模式的演进脉络，那么，在短短的 30 年间，我国立法关于物权变动模式的规定经历了从"国家模式"到"债权形式主义模式"再到"形式主义与对抗主义交错并行格局"的变迁历程。

（一）国家意志高度干预下作为三方意志合成产物的物权变动模式立法

如前所述，在高度集中的计划经济体制时期，由于市场已经基本消失，商品的市场化流通被无偿的产品分配代替。改革开放意味着商品的市场化配置机能的重新启动，然而作为社会的宏观经济体制，这一改变

---

① 最典型的是土地制度改革过程中，私有土地收归国家和集体，从而完成了土地所有权的政策性变迁。

却并非短期即能完成的。在计划经济体制所导向的旧的国家高度干预的政治文化模式的影响下，立法层面的物权变动规则由"无规则"进入"三方结构下的物权变动规则"时期。

1982 年 12 月 18 日最高人民法院《关于王贵与林作信、江妙法房屋买卖关系如何确认的批复》中同意浙江省高级人民法院的意见，房屋买卖关系既未办理国家契税手续，也没有取得房管部门的认可，认定其买卖关系无效是适当的。如 1987 年 11 月上海市人民政府发布的《上海市土地使用权有偿转让办法》第 33 条规定："土地使用权和房屋的转让未办理过户手续的无效。"现实中处理未经登记的不动产物权变动纠纷通常认为"未办理过户登记，转让行为无效，转让合同也无效"。[1]

在计划经济体制所导向的旧的国家高度干预的政治文化模式的影响下，交易尽管不再为法律所禁止，但却并非纯粹私人之间的关系，而是国家介入下的三方关系形态。在假定体制性正当的前提下，仅从结构上看，合同关系实际上是三方意志合致的产物，由此，国家意志的介入自然应当是合同的成立（生效）要件。换言之，在这一模式下，不动产交易并非纯属双方当事人之间的事情，而是双方当事人加国家的三方意志合致的产物，所以必须"经房屋所在地房管机关同意后才能成交"。

（二）以登记和合同的性质区分为核心特征的债权形式主义模式立法

在完全的市场模式下，交易双方当事人即是物权变动之主体，则将物权变动置于其自身的一致支配之下就成了一种必然的需求，这就决定了作为改革开放起点的国家干预下的三方结构的物权变动必将受到私人领域的排斥。详言之，从权利构成上看，交易主体对物权享有完全的权

---

① 牛振亚. 论物权行为和债权行为 [J]. 南都学坛，1990 (1): 59.

利，而国家则不享有任何权利，这就使得国家干预丧失了基础。从合同成立的角度来看，交易当事人的意思表示构成了合同的全部内容，而国家经由登记形式的介入实际上并不介入实质性的意志，因此，以登记限制合同的成立或效力也就失去了正当性基础。于是，借登记以干预合同效力的做法遭到了来自现实和理论的双重反对。在现实交易领域，交易人开始越过国家干预直接履行合同，在道德力量的维系下，这种"事实"性的交易基本上实现了其自身追求的目标。在理论上，学者普遍对以登记界定合同效力的做法进行了批判，指出："登记本身要求以有效的合同为前提，因此，否认未经登记的合同法律效力本身就是矛盾的。"① 很快，理论上认识到，以未经登记为由而否认物权变动合同的效力"有失公平，不利于维护当事人中受损失一方的权益"②。在上述背景下，立法关于物权变动模式的规定开始朝着矫正最初的国家强制下的三方结构的方向发展。1984 年 8 月 30 日最高人民法院《关于贯彻执行民事政策法律若干问题的意见》第 56 条规定："买卖双方自愿，并立有契约、买方已交付了房款，并实际使用和管理了房屋，又没有其他违法行为，只是买卖手续不完善的，应认为买卖关系有效，但应着其补办房屋买卖手续。"由此开启了债权形式主义模式的立法先河。

（三）以"自由主义"为核心特征的对抗主义模式立法

　　1986 年 4 月 12 日通过的《民法通则》第 72 条规定："按照合同或者其他合法方式取得财产的，财产所有权从财产交付时起转移，法律另有规定或者当事人另有约定的除外。"由于当事人的约定无非包括使物权变动超越交付而提前或滞后于交付这两种对称形式，而在这种情况

---

① 王利明，郭明瑞．民法学理与判例研究［M］．北京：法律出版社，1998：83.
② 牛振亚．论物权行为和债权行为［J］．南都学坛，1990（1）：59.

下，当非物权人的标的物占有人或登记人无权处分该标的物时，按照善意取得制度必将导致真正权利人在公示方式不足的情况下不能对抗善意第三人的后果。由此可见，《民法通则》72 条的规定实际上初步表达和确立了对抗主义物权变动模式的原则和立场。1993 年 7 月 1 日生效的《中华人民共和国海商法》第 9 条规定："船舶所有权的取得、转让和消灭，应当向船舶登记机关登记；未经登记的，不得对抗第三人。"第 10 条规定："船舶由两个以上的法人或者个人共有的，应当向船舶登记机关登记；未经登记的，不得对抗第三人。"1995 年 10 月 30 日通过的《民用航空法》第 14 条规定："民用航空器所有权的取得、转让和消灭，应当向国务院民用航空主管部门登记；未经登记的，不得对抗第三人。"2000 年 9 月 29 日，最高人民法院关于适用《中华人民共和国担保法》若干问题的解释第 49 条规定："以尚未办理权属证书的财产抵押的，在第一审法庭辩论终结前能够提供权利证书或者补办登记手续的，可以认定抵押有效。当事人未办理抵押物登记手续的，不得对抗第三人。"

以上对我国物权变动模式立法变迁的历史考察已经清楚地表明，我国当下的物权变动模式立法体现了以债权形式主义为主，以公示对抗主义为辅的立法格局。从立法基调上看，债权形式主义仍然主导着模式立法的重心。这一点从《民法通则》《合同法》以及相关的司法解释中对交付、变更登记的强制性要求中即可看出，尤其是在不动产的物权变动模式规范上，形式主义的特征更为突出。但晚近以来尤其是 2000 年以来的物权法历次草案都清晰地表明，对抗主义模式获得了越来越广泛的承认，无论是物权法草案还是其他立法以及司法解释关于物权变动模式规定，正朝向公示对抗主义的靠拢，这表明我国的物权立法开始表现出更贴近现实生活，更反映物权变动现实需求的立法特征。

（四）管制主义和形式主义生态背景下的当代物权变动制度考察

在当代私法转型过程中，管制理念下的国家干预与私人自治在物权尤其是不动产物权变动问题上的纠缠与博弈，构成了当代物权变动理论演进的深层背景。中华人民共和国成立至改革开放以前，在以政治国家为主导的社会治理模式下，财产制度以"民事政策法律"为其基本表现形式，突出强调政策、决定、权力在相关领域的直接作为。作为财产制度重要内容的物权变动同样依靠政策命令等行政性文件进行，从而表现出强烈的形式性特征——在计划经济时代，物权变动大都必须经过相应的审批，凡未经审批的，物权变动无效。这种基于管制型的物权变动模式理解伴随了整个计划经济时期以及随后的一段时间。从结构上看，国家干预模式下的物权变动规则与古典物权变动规则表现出了强烈的一致性：都以唯一的形式为核心，都表现出对该形式之外的合同关系的强烈排斥和否认。如果说古典物权变动制度中形式唯一性的正当性依据在于物权原始形态下占有与所有合一基础上的物权绝对性，那么，我国当代形式性物权变动模式中的正当性则纯粹建立在计划经济体制以及与之对应的管制型物权治理理念基础之上。换言之，计划经济时代的形式化物权变动模式是以产权治理的高度国家干预特色为基础的。而在制度环境方面对我国不动产物权变动制度的外围因素考察不难发现，较之托伦斯制度，我国不动产登记制度的国家干预主义色彩更加强烈。

改革开放以来，伴随着社会体制的改革与转型，私法理念迅速兴起。私法自治理念的推动，在这一领域的成功表现为对合同效力的承认，较之于 20 世纪 80 年代的非经登记合同无效论无疑具有深刻的价值。而国家不动产管制政策在登记领域并未退出，仍然坚守在登记制度的堡垒中，所以，目前的登记制度仍然是官方化的管制手段，而不完全是私法层面的公示制度。因此，我国当下物权变动理论的根本既非是对德国模式的继受，也非为交易安全而设，相反，隐藏在形式主义理论幕后的真正角色乃是"国家干预"，其本质在于国家基于经济体制而对物权制度的行政管制。在这一意义上可以说，我国当下主流意识领域中的物权变动并非纯粹的私法问题，而是一个政治维度中的政策选择问题，正是这样的"前见"构成了我国当下不动产登记制度变革的基础。

四、我国当代物权变动制度的改革趋势：形式主义的缓和与对抗主义的成长

如前所述，目前我国在物权变动模式上呈现出不同领域适用不同规则的"交错、并存或混合"主义模式。从物权变动模式演进的具体过程来看，考虑到不同领域的物权变动的特殊性，物权变动模式的变革不可能在所有的领域突然瞬时实现。应当说，这种逻辑上的非统一性因其特定的原因，也符合事物发展的一般性和特殊性的辩证规律。然而，从长期的角度来看，登记模式原理在不同物权上的适用不应存在基本原理层面的差异，因此，目前我国在城市不动产上采用强制登记模式，在交通工具领域以及农村不动产上采取任意登记模式，从而表现出来的逻辑上的基本冲突并非一种完全正常合理的现象。经过一段时间的模式共融、比较、竞争之后，反而有利于我们认清不同模式之间的利弊，有利于制度间的优胜劣汰和制度进化。目前，交通工具领域的登记模式任意化改革作为一种前瞻性的改革，应该成为统一登记制度的发展方向。因此，选择任意登记模式下的对抗主义，是我国未来物权变动模式的必然和明智的选择。

（一）我国公示对抗主义物权变动模式选择的障碍及其克服

1. 我国确立公示对抗主义物权变动模式的最大障碍——形式主义

无论从我国当下物权立法有关物权变动模式类型的比例、物权变动模式结构的重心理论还是我国民法理论界关于物权变动理论的观点来看，形式主义仍然是我国物权法上的核心特征。如前所述，我国古代民法传统即表现出了强烈的行政干预色彩，这种法传统一直到清末以至民国时代的物权立法中都得到了较为连贯的体现，从而为我国物权立法中的国家权力的形式化干预奠定了历史传统和制度基础。新中国成立以来，我国社会文化背景同样表现出了较为典型的形式主义特征。表现在物权立法上，就是国家权力过分渗透的私法规范中。"在所有国家中，无论是高度发达国家还是发展中国家，立法是通过法律来实现政治意志影响社会变迁的最明显的方式。"[①] 而在物权变动问题上，这一现象表现尤为突出。例如，关于不动产登记的性质，理论上就存在普遍的公权属性的认识。如有学者认为："从登记行为看，房地产权属登记在我国是房地产管理部门依其职权所实施的行政行为。"[②] 在德国，对于财产权登记的性质问题，有行政管理行为说、司法管理行为说、程序司法行为说三种。[③] "由国家机构或其他公共机构对土地进行登记，最初主要是为了征税的需要。"[④] 显然，上述观点显然都是从登记机关的性质入手来界定登记性质问题的，在如上所述的国家权力过分干预体制下，法律视野中的物权法之物权变动模式这一物权法上的典型问题则汲取着形

---

① See P. Selzniek. Law: The Sociology of Law［M］// International Encyclopedia of the Social Science, vol. 9. New York: Macmillan, 1968: 57.

② 崔建远. 中国房地产法研究［M］. 北京：中国法律出版社, 1995: 238.

③ 孙宪忠. 德国当代物权法［M］. 北京：法律出版社, 1997: 143.

④ 许明月. 财产权登记法律制度研究［M］. 北京：中国社会科学出版社, 2002: 10.

式主义的社会土壤所提供的营养而顽固地表达着制度的生命力，从而限制着物权变动模式的形式主义突破，这显然背离了登记作为公示方式的基本原理。

从我国长远的整体体制改革的目标来看，随着政府功能从保姆型政府到引导型和服务型政府的变迁，形式主义的克服将是历史的必然，在这一意义上，物权变动模式立法应当通过改革，逐步实现形式主义的克服，其表现之一就是确立公示对抗主义的物权变动模式。在对抗主义模式下，登记本身作为公示方式的表现形式之一，并不意味着与物权的绝对对应，这样的制度安排反而降低了登记机构的责任，而把判断物权的成本转嫁给了当事人，而当事人最具有探知物权的动力，从而确保了制度设计的效率最大化。

2. 我国确立公示对抗主义物权变动模式的障碍之二——登记的部门利益

目前，从我国不动产登记的现状来看，不动产物权登记涉及房产、土地、林业、渔业等诸多部门，形成了多头执政的局面。登记机关的不统一极大地妨害了登记的物权公示机能，从而遭到多数学者的诟病。[①] 统一物权登记机关成为当下登记法理以及物权变动模式理论探讨中的一致意见。

（二）对抗主义物权变动模式的原理、体系与优势

1. 对抗主义模式折中主义的法经济学基础

作为市场交易秩序中的一项重要机制，一套完善的物权法律制度必然以经济合理性为基本价值追求，并借此推动社会经济效率之提高。[②]

---

① 曲珍英. 房产登记的法理和登记机关的选择 [J]. 政法论丛，2005（2）：56.

② See Donatella Porrin, property rights dynamics：A Law and Economics Perspective [M]. Routledge，2007：3.

而作为物权法核心架构的物权变动规则更当以此为价值取向。近代社会以来，随着交易市场化程度的提高，流通频率提升到适中时，客观上要求对真实物权人和交易第三人进行均衡保护，表现在技术上就必须对形式的无限多样性进行适当的压缩、过滤和限制——只有那些能为第三人所探知的表象形式才能被认可，否则真实物权人便不能对抗第三人，从而在适中流通频率下，物权变动模式就表现为对抗主义。而在客体意义上，对应不同的客体类型也可以发现，在流通频率相对缓慢的盗赃物领域，善意取得规则的限制乃至排除显示出物权变动规则的意思主义倾向，而在流通频率显著较快的票据和货币领域，物权变动规则却呈现出显著的外观主义乃至无因性的形式主义倾向。

2. 从外部制度环境上看：对抗主义对应的是激励型登记而非管制型登记

如前所述，在登记制度涵盖了不动产和重要动产的情况下，登记物权作为物权法的主要调整内容构成了物权法的体系重心，这间接地决定了物权变动模式的选择一定程度上受制于一国的登记制度。我国传统的权力高度集中式的物权登记制度以强制性和管制性为基本特征，可以称为"管制型"登记模式，这种模式将是否享有物权的效力判断作为当事人是否登记的后果，从而表现出极强的管制性。这种管制型的物权登记制度由于在出发点上就设置了不登记没有物权的效力主张，因而与对抗主义模式的不登记也享有相对物权的观点之间表现出强烈的冲突，所以，对抗主义是管制型的登记制度所不能容许的。只有在激励型的登记制度下，登记制度变成选择型的、任意型的，对抗主义才能获得外部制度的有效支持。我国目前已经在交通工具和航空器的登记制度上实现了激励型、任意性和选择型的登记制度改革，从实际效果来看，还是比较乐观的，在上述财产上的登记率实际上保持了比较高的水平。

3. 从绝对物权到相对物权：对抗主义物权变动模式的逻辑基础

物权变动规则就是物权理念的动态表达和延伸，其逻辑关系决定了不同的物权含义对应着不同的物权变动模式。如前所述，在作为物权发展史早期的古典形式主义物权和意思主义阶段中，尽管其对物权外观形式的要求不同，但二者都具有绝对的物权效力。然而随着物权观念的进化，物权表达方式的任意性逐渐受到限制——只有那些在公示意义上具有权利"告知"功能的表象才能获得承认。对抗主义模式下的物权表达方式虽然具有多样性，但由于不同的方式天然地具有不同的公示力度，这样，一个公示方式是否具有公示效力以及在多大范围内具有公示效力就只能视具体情形而定。基于物上意志经由公示而获得排他效力的这一原则，一项物权的效力基于其公示的情形既可能具有完全、圆满和绝对的效力——如果其公示完全；也可能仅具有指向某一特定人的效力——如一个仅为双方当事人所知的买卖合同所确立的物权；甚至可能具有指向部分人的效力——如果其公示方式所具有的公示效力介于前两者之间。不难看出，在以多样性为特征的物权公示体系中，与古典绝对物权最大的不同是，由于占有和登记之外的物权表现形式往往在公示能力上存在局限性，因此，其他表象支撑下的物上支配意志虽然获得了物权性认可，但在效力上却存在相应的减弱现象，从其效力不足的形态来看，可以称其为相对物权。此外，由于相对物权的效力依其公示力度表现出较大的弹性，在这一意义上，我们可以称其为弹性物权；从其效力变化的梯度来看，可以称其为级次性物权；从其消长变化的过程来看，可以称为渐变性物权。由此可见，对抗主义模式同样是建立在客观公示制度的基础之上、以指向特定物的排他性支配意志的物权属性为前提。这种从物权公示的实际情况出发、按公示力度匹配物权效力的做法不仅完美准确地贯彻了物权法的公示原则，而且较好地实现了各方利益的平衡。由于物权变动模式与作为其表达基础的物权观念之前存在深层关系，因此，从意思主义到对抗主义的变迁自然也就意味着物权观从"绝对"到"相对"的变迁。

由此可见，与绝对物权的一元效力形态——即要么具有绝对物权效力，要么根本不具有物权效力的单一效力格局相比，弹性物权的最大特点是物权效力的"层次性"和"级差性"，这种层次性和级差性使物权表现出一个等级鲜明的效力体系。在这种动态效力体系下，物权的效力随时都有可能随着公示范围的波动而发生效力范围的变动，所以，其既可能经由公示的完备而日趋完备，也可能由于公示方式的残缺而日渐消弭。

4. 从客观公示多样性到主观善意：对抗主义模式的主客观表达

（1）对抗主义模式的客观表象规则：以公示实效为基础的有限多样性

如前所述，物权变动模式的差异可以在微观层面化约为不同交易安全观支配下的法定物权公示表象数量的不同。具体而言就是指作为交易第三方的当事人在多大程度上可能并且应该对内部关系中的"真实物权"进行关注；从内部关系中的真实物权人的角度来说就是他所表现出来的哪些公示表象可以被视为是有效的、应该被第三人重视的方式。显然，真实物权人希望表象越多越好，而无论这些表象是否具有实际的公示效能，因为表象越多，公示物权的机会和可能性就越大，但这同时意味着作为"交易秩序化身"的第三人的审查义务处于较重的程度；而从第三人的角度来看则完全相反，因为表象越少，其相应的审查义务就越低，对第三人来说交易就越便利，但如此一来，真实物权的保障也必然受到削弱。

（2）对抗主义模式的主观表达：善意规则

折中立场下的对抗主义基于表象公示机能的天然实效，一方面排除了部分不具有公示效果的表象，从而对意思主义的立场进行了适当限制和矫正，另一方面，其对物权公示机能的激励机制决定了，无论对动产还是不动产而言，对抗主义规则都意味着坚持物权公示表象的多样性而非单一性。然而由于上述多样性本身具有相当的偶然性和不确定性，以至于对第三人来说很难设置一个"合理谨慎调查（reasonably careful inspection）"的统一标准，而更多地仰赖于个案事实的判断。因此，与多样性随之而来的问题是：如何在司法技术层面对其公示表象的范围进行具体客观的列举式说明？同时，如何区别于意思主义而对这些多样化公示方式的正当性提供一个直观的伦理解释？正是基于对上述问题的回答，对抗主义提出了"善意"技术。对抗主义认为，如果第三人处在真实物权表象的照射范围之内，那么，他就知道或者应当知道该物权的存在，就给予应有的注意，所谓"你应该在给予你信赖的地方寻找你的信赖"。换言之，交易第三人必须对真实物权所表现出来的那些具有实际警示效力的表象给予的关注，否则他就有主观上的恶意："推定知情原则的依据是忽略（negligence）的可非难性（culpable）：忽略相应的调查义务实际上构成了对在先的购买者的一种欺诈（fraud）"。① 反之，如果第三人处在真实物权表象的照射范围之外，那么，由于他不知道并且无法知道真实物权的存在，故其对假象物权的信赖就情有可原了，因为在主观上他是一个善意的人。显然，主观"善意"屏障的价值在于，其不仅提供了一种具有覆盖性和解释力的多元公示表象界定机制，同时还揭示了这一机制正当性的伦理基础。

（3）对抗主义模式的主客观映射关系原理

对抗主义模式意味着第三人对物权的审查必须在主观意图上符合善意规则，由此我们可以说"善意取得"实际上就是对抗主义模式公示

---

① See Galley V. Ward A. James Casner, W. Barton Leach, Cases and Text on Property, 3rd Edition ［M］. Aspen Law & Business, 1984: 847.

多样性的主观翻译和感性表达，也意味着，善意取得并非是一项独立存在的制度，善意的判断也并非完全是一个主观化的问题，相反，善意规则与公示方式的多样性之间存在主客观上的直接对应关系，是客观公示公信原则在主观层面的对称表达，是具伦理意义的解读方式。不仅如此，从司法技术角度来看，主观"善意理论"更深刻地意蕴了对所有在客观上具有相应公示效能的公示表象的"穷尽式"理解。如对不动产而言，占有本身即可成为所有权的证明，第三人若想"善意"取得，仅"相信"房产证或登记簿是不充分的，还应实地查看其占有状态，若未实际查看即相信出卖人有处分权……即不构成善意。① 由此可见，善意规则不仅仅是一种主观表达方式，更是普通物权变动中公示表象多样化的宣言。这种"主观善意"在最终意义上必定经由相应的"客观表象"进行还原的主客观对应关系原理表明，对抗主义模式下的表象虽然以"多样化"为特征，但既非无限的，也不缺乏规律可循，并不至于沦为"泥浆"规则。综上所述，对抗主义的物权变动规则可以从主客观两个角度分别说明，而两个方面尽管路径不同，但本质上是一致的、相通的。

5. 我国对抗主义物权变动模式下的公示制度体系设计

按照物权变动的公示对抗主义规则，其公示制度的核心在于建立多元化的公示制度体系。物权公示表象多元化意味着，在客观层面上，物权的公示方式是无穷的，任何具有实际公示机能的公示方式传递的公示信息——物权的存在都应当受到尊重。这样，当一项物权的受让人要受

①　如姚公平诉张雅芳等财产所有权纠纷再审案（［2006］浦民一（民）再初字第6号）中，法院即认为买受人若经实际使用人提醒而仍坚持购买则构成恶意。另在先押后租及一房多租中也多存在通过对占有的"知情"而排除善意的做法。参见《北京高院关于审理房屋买卖合同纠纷案件适用法律若干问题的指导意见》（京高法发［2010］458号）第19条第1项。

让一项物权时，他就必须对物权的权属状况进行调查，而其调查的对象，就不仅限于占有或登记，而是应当对一切在其调查范围内的表象都进行调查。正如有学者所指出的，"物权的公示方法是多种多样的，如登记、占有、公证等。认为将物权登记按照动产和不动产区分为占有和登记并无必要。不动产物权并非仅以登记为公示方法，占有的移转，即交付以及公证，也可为不动产物权的公示方法。由于动产一般无登记制度，所以动产物权的公示方法一般仅为占有，而不动产有登记制度，因此，登记可为不动产物权的公示方法，但不能依此否认占有或者其他方式不能为不动产物权的公示方法。只要是能够将当事人的物权变动的意志或物权的状态让他人知道的方式，都可为物权变动的公示方法。就登记而言，也不应仅限于登记簿上的记载，有的国家已经实行网上登记，这种登记方式在我国物权法中有所反映"①。

（三）善意取得：制度本质与法理基础的重新透视

德国法系中的善意取得制度一直作为动产物权的特殊取得方式而偏安一隅。理论上对其本质的探讨和争论或围绕其取得方式的"原始性"与"继受性"展开，或围绕作为其正当性基础的"时效说""外观说""占有说""交易安全说"和"法律特别规定说"等展开，② 而始终未将问题的焦点指向善意取得制度的核心问题——善意取得的本质究竟是什么。这一前置性问题的模糊使得有关善意取得的法理探寻迷失在学说的丛林中。然而普通法在占有委托和一物二卖结构中齐头并进式的制度进化却将善意取得制度引入了一个更加完整而宏大的物权变动制度场景中，这种制度演进路径让我们更有可能触及善意取得制度源头的最本质

---

① 郭明瑞. 物权登记应采对抗主义的几点理由 [J]. 法学杂志，2005（4）.
② 汪志刚. 动产善意取得的法理基础 [J]. 法学研究，2009（3）：119.

的规定。

1. 善意取得制度的本质属性——"对抗主义"物权变动模式

物权保护的进化要求摆脱单一表象的束缚，延伸到普通证据表象支撑下的物上意志并给予确认和保护。然而这同时带来了一个难题：新的物权表象得以承认必然意味着物权得以脱离占有的表征而在新的制度空间中得以存在，而占有和交付作为最有效的公示方式依据其厚重的经济理性和强大的传统势力仍旧主宰着古老的物权公示规则，于是一场激烈的冲突在所难免：当一个公示不足的物权与占有所表征的物权发生分离——尤其当这一分离遭遇了善意信赖作为假象的占有和交付的第三人时，如何衡量真实物权人和第三人之间的取舍关系？善意取得作为对这一制度性难题的回应，以衡平者的姿态，建立了一个协调三者关系的良性机制，使得物权公示表象多样化时代的物权变动能够按照一种理性和有序的方式进行。由此可见，善意取得作为物权交易实践中平衡真实物权人和交易第三人的基本制度设计，其本质是一种物权变动规则安排，是非经公示不能对抗第三人规则——"对抗主义"物权变动模式——的主观描述。

第一，"善意取得"本质上是物权变动模式的一种表达方式，但并非任何物权变动模式都能用"善意"制度进行翻译，在作为极端形态的形式化模式和意思主义模式中，"善意"没有制度表现的余地。第二，只有在折中立场下的对抗主义模式中，作为内外相关物权变动当事人利益的平衡性产物，善意取得才获得了制度表现的空间。这同时意味着，善意取得并非在任何物权变动模式下都能顺利地进行任意安排，相反，只有在对抗主义模式下才能获得制度的和谐设计和流畅解释。

2. 善意取得制度的概念基础——相对物权观

善意取得切断了真实物权对第三人的追及效力，从而意味着物权效力的相对化。尤其是物权变动模式的对抗主义化使得物权效力的相对性拓展到了最广泛的空间。于是，当占有委托随着物权用益性的提高而日益成为普遍现象，当一物二卖随着交易的发达而日渐成为不可避免的交易常态，从而善意取得制度也成为物权变动中的一种常规形态时，相对物权也就取代了绝对物权观念，成为我们理解物权的重要基点。实际上相对物权观念在普通法和法国法上并不陌生。产权的相对性构成了美国财产法的核心原则，① 普通法不强调物权的绝对性，相反是在相对所有权而非绝对所有权的基础上运行的。而在法国法上，"第一个受让者虽然可以获得所有权，但如果不进行公告，该所有权就是相对的，只能对抗转让者。该规定和有关其他法律行为的类似规则一起构成了法国法上的第三人效力或者所有权的纯粹相对性理论"②。

3. 善意取得制度的客观表达——物权公示形式多样性

将动静兼顾、内外协调的衡平交易安全观展开发现，衡平交易安全，就是指作为交易第三方的当事人在多大程度上可能并且应该对内部关系中的"真实物权"进行关注；从内部关系中的真实物权人的角度来说就是他所表现出来的哪些公示表象可以被视为是有效的、应该被第三人重视的方式。显然，真实物权人希望表象越多越好，而无论这些表象是否具有实际的公示效能，因为表象越多，公示物权的机会和可能性就越大，但这同时意味着作为"交易秩序化身"的第三人的审查义务处于较重的程度；而从第三人的角度来看则完全相反，因为表象越少，其相应的审查义务就越低，交易就越便利，但如此一来，真实物权的保障也必然受到削弱。由此可见，对物权公示表象数量的界定实际上就构成了微观物权变动世界最基本的准则。这一认识让我们把交易安全的理

---

① 〔美〕约翰·G. 斯普兰格林. 美国财产法精解〔M〕. 钟书峰，译. 北京：北京大学出版社，2009：38.
② 〔德〕乌尔里希·施伯伦贝克. 土地交易中安全性的比较法考察〔J〕. 华中科技大学学报，2005（3）：38.

解推进到了更为具体的层面。

按照既不能让第三人承受过重的表象调查义务，又不能让真实物权失于保护的衡平交易安全中间性立场，在一般情况下，对于公示表象数量的具体设置，对抗主义模式并不加以主动或特别干预。某种表象只要在客观上具有相应的公示能力——即能够向第三人传递相应的物权存在的信息，那么这一表象就应该受到保护，这就为物权积极寻求有利于自身的公示方式提供了一种充分的制度激励。这意味着物权公示方式必然是多样的，正如黑格尔所言："给物以定形，随着对象的质的本性以及各种不同的主观目的而无限地不同……这种定形在经验上可以有种种不同的形态。物的占有有时是直接的身体把握，有时是给物以定形，有时是单纯的标志。"①

4. 善意取得的技术标准——"主客观对应"原则

经济学告诉我们财产权的清晰界定减少了不动产和他财产的市场交易成本。② 善意取得制度是对客观物权公示方式"多样性"的表达，这种表达并非完全任意的，而是存在着严格的对应性。在善意取得制度下，物权只有经由合理的公示而获得相应的效力，客观意义上，这一原则可以表述成"照射规则"，即凡实际上处于公示表象照射范围的第三人，皆应对该物权表示应有的尊重。而在主观意义上，这一原则可以表述为"善意规则"，即"照射范围"内之第三人若为善意，则对于自己已经窥视之表象自应尊重无疑，纵对自己实际不知之表象，亦不得抗辩，因其既已处于照射区，若是谨慎"善意"，便应知之，即便推诿，

---

① 〔德〕黑格尔. 法哲学原理［M］. 范扬，张企泰，译. 北京：商务印书馆，1961：73 - 85.

② Johnson. Economic Analysis, The Legal Framework and Land Tenure Systems ［J］. J. L. 8t Econ，1972，15：259 - 260.

法律仍强推定其知之。① 由此可见，善意取得制度中"善意"虽系主观性描述，但总是与一定的客观表象对应存在的，没有相应的公示，就不存在恶意，同时有相应的公示，就不存在善意。例如，在不动产交易中，如前所述，实际占有通常会被视为典型的公示。当然，并非任何情况下的占有都具有公示效力，可以构成潜在通知的占有的性质必须是公开的（publicly）、可见的（visible）、并且明确的（express）占有行为，在性质上应该可以指向对不动产排他性的占有权。又如，按照不动产产权链的基本要求，一个物权文件只有登记在产权链中，方能发生公示的效力，后来者若不对产权链内的所有文件进行审查就构成恶意，但如果一个权利性文件没有登记到产权链中，也就是说其实际上无法起到公示意义上的"通知"机能，第三人就不受其限制，对这样的产权链之外的表象的忽略并不构成恶意。②

5. 流通频率：善意取得经济基础的微观考量与定量分析

尽管我们在对善意取得制度的历史考古中清晰地感受到了效率因素的影响，并有理由为这一法经济学视野下的伟大发现而大唱赞歌。但同时不得不指出的是，那些认为"善意取得的确立使得'有形之手'所主张的经济标准获得了更大的成功"的观点仍然很可能在某种程度夸大了这一制度的实际功效。实际上，如果注意到法官关于效率的判断更多地依赖"直觉"，而不是一种可计量的效率标准，那么，不难看出，"在一个案件中把所有权风险强加给所有者还是善意第三人，哪一种方案更有优越性——其实是一个极具模糊性的问题"③。这意味着在善意

① See, A. James Casner &, W. Barton Leach. Cases and Text on Property ［M］. Little Brown and company, 1984：855.

② 〔美〕罗杰·H. 伯恩哈特，安·M. 伯克哈特. 不动产（第 4 版）［M］. 钟书峰，译. 北京：法律出版社，2005：274.

③ 秦伟. 英美法善意原则研究［M］. 北京：法律出版社，2008：113.

规则的制度进化中，"寻求效率最大化的过程和努力既有益也令人沮丧。甚至这种探求可能在解释上的不同和词语上的两可交叉冲突中最终迷失了方向"①。因此，对效率的过度迷恋可能掩饰了"经济理性"原则的不确定性。② 正是在这一意义上，效率理论的反对者称"19世纪晚期和20世纪关于善意购买人的原则以对意图的'无耻篡改'为特色"③。

（四）还原与展开：古典与现代情境中的"物权行为"理论

在传统形式主义物权变动理论的语境中，物权行为是一个用来证明形式主义模式正当性的重要工具——将交付和登记解释为法律行为意义上的物权行为，从而说明为什么只有交付和登记才能引发物权变动。实际上，制度进化论意义上的物权行为存在古典与现代之分，前者以"仪式—交付"为代表，后者以诺成合同为典型。物权变动制度演进的意识流向差异导致了物权行为解释的不同际遇。近代无因性物权行为理论的根源在于其承认了物权变动的二元结构以及诺成合同的法律效力，却否认了合同的基本物权属性。祛除强加在登记和交付上的物权行为假想，回归诺成合同物权属性的本来面目，是澄清我国当代物权行为理论本质的必由之路。

如果说物权法运用法律语言将物权变动的社会实践场景翻译成了制度性规范，那么意义上的物权行为则旨在为当事人的效果意思在基于法律行为的物权变动中的作用提供一种清晰的解释和描述。在这一意义

---

① 秦伟. 英美法善意原则研究 ［M］. 北京：法律出版社，2008：112.

② generally, e. g., Jordan & Rubin, An Economic Analysis of The Law of False Advertising ［J］. Legal Stud., 1979（8）：527.

③ Warrren, Cutting Off Claims of Ownership Under the Uniform Commercial Code ［J］. U. Chi, L. Rev., 1963：469 – 475.

上，经由物权行为理论理解和把握物权变动的内在规律——进而为物权变动现实制度安排的合理性提供一种理论上的校验——并不失为一种有益的方法。然而遗憾的是，在形式主义模式下，这一初衷却造就了无因理论的怪胎。这一误解深刻地根源于形式主义模式的畸形发展：一方面实质性地承认了诺成合同的法律效力，另一方面又在复古主义情结下坚守着古典绝对物权观不变并拒绝承认合同的物权性身份，由此导致了物权合意与作为其表现载体的形式之间的割裂与错位：真正的物权行为被强行界定为"债权行为"，而空壳化的登记和交付却仍然被解释为物权行为①，为了防范真实物权行为的威胁，虚假物权行为不得不为自己披上"无因性"的面具。而本文从功能主义角度所做的全景式考察表明，物权行为存在于对物权合意具有真实性保障功能的形式中，这一形式在古典化时代表现为仪式性的交付，在后古典化时代则常见表现为口头或书面意义上的合同。显然，褪去"无因性"光环之后的物权行为既不神秘，也不复杂。

对我国而言，形式主义——进而无因性理论的困境除了法律移植层面的德国法基因之外，更重要的是受诸国家干预而形成的强制（管制）型不动产登记制度的影响——在纯粹的计划经济时代，不动产交易系于唯一的"登记"环节，在逻辑上与古典模式具有突出的制度同构性；然而随着市场理念的深化，诺成性物权变动合意逐渐与登记相分离，其地位也获得了合同法和物权法的认可，但由于传统物权登记体制仍然表现出强大的制度惯性，于是将诺成合同解释为物权行为便遭遇了与德国类似的结构性障碍，而将登记解释为物权行为的无因性理论则乘虚而入。我国经济体制改革的方向决定了，强制登记制度的

---

① 在这一意义上，无因性理论并非像有学者所说的"体现了对私法自治原则的贯彻"（参见田士永．物权行为理论研究［M］．北京：中国政法大学出版社，2002：352.），相反却是限制乃至扼杀真实意思的枷锁。

体制性变革是历史的必然，在这一背景下，祛除强加在登记和交付上的物权行为假想，回归诺成合同的物权行为本来面目，是澄清当下物权行为理论本质认识，并由此推动我国物权变动制度理性转型的重要一步。

结语：从管制到自治

——民法典视野下的当代物权变动制度转型

在制度生态学的意义上检视我国当下的不动产登记乃至整个物权变动理论不难发现，当下的研究，对于形式主义模式理论的"管制性"哲学基础的关注和挖掘存在严重的"空白"。或许由于我国形式主义生态体系过于强大，导致我国对不动产登记中的管制性进路及其局限性显著缺乏问题意识和反省精神。而当我们将问题研究的焦点集中到政治哲学层面，不难发现，正如我们在探讨改革过程中反复遇到的某些带有共通性的问题一样，对于不动产登记基本模式的选择同样可以套用一个时髦的表述——即"究竟应该通过权力还是市场来治理"？从社会秩序治理策略角度来看，形式主义模式以国家干预背景下的物权法定、物权绝对观为基础，按照"在预见一切的同时简化一切"的思维模式将物权变动的外观界定为单一形态，其制度建构方法中，浸染着强烈的唯理性主义和目的导向哲学。然而现代社会，作为一个庞大而复杂的有机体具有突出的分散性和易变性，每个独立个体的社会成员基于各自偏好和特定情势而追求的个人目的往往带有鲜明的个人色彩和与众不同的特质，① 信息不对称决定了每个人都不大可能知悉其他人所独立追求的特定目的，同样身处结构性无知状态的立法者也概莫能外——其不仅在很大程度上不可能全然知悉各人所追求的特定目的，而且更不可能体认到这些目的的重要性差异并将之整合为一个统一的目标和模板。因此，试图预见一切的立法思维"是一个根本不可能达到的目标"②。

　　制度史的考察显示，形式主义与对抗主义模式之争，本质是物权流通秩序建构中市场和政府两种手段之争。形式主义以管制哲学为出发点，热衷于通过明确刚性的"目的导向"规则擘画步调高度一致的刚性物权流通秩序，以期最大限度地实现"动态"交易安全；而对抗主义则以私法自治为核心价值，致力于一个以交易形态多样化和市场机制为基础的弹性规则体系，以求为"一切社会成员成功地运用他自己的知识去实现自己的目的提供最好的机会"③。显然，二者之间的冲突反映了社会治理理念的本质差别。

　　现代国家治理的哲学进路表明，作为社会治理中最为活跃的因素，管制始终游走在自由主义和干预主义这两种政治合理性之间。④ 将这一原理引入微观层面的物权变动秩序建构中，值得深思的问题依然是：为什么必须管制（government）⑤？以登记管制物权流通秩序是否真有其必要性、可行性和合理性？产权交易秩序的清晰有效是否必须付出交易行为的格式化、产权的强制登记以及管制过度的代价？面对产权习惯的巨

---

① 易军．私人自治与私法品性［J］．法学研究，2012（3）．
② 〔法〕马利·波塔利斯．"法国民法典草案引言"［M］//冉昊，译．民商法论丛：46卷．北京：法律出版社，2010：42.
③ 〔英〕哈耶克．哈耶克论文集［M］．北京：首都经济贸易大学出版社，2001：124.
④ 莫伟民．管治："从身体到人口——福柯管治思想探究"［J］．学术月刊，2011（7）．
⑤ Michel Foucault, Naissance de la biopolitique, Dits et écrits, III, 1976 – 1979 ［M］. éditions Gallimard, Paris, 1994：820.

大差异、产权登记的部门分割和查询障碍、登记覆盖范围上的参差不齐以及纷繁复杂的市场交易需求等，物权变动秩序中的国家干预和放任自由，何者更具必要性和可操作性？显然，对上述问题的回答构成了物权变动制度正当性不可逾越的哲学基础。

现代私法原理的否定性品质，决定了其规则配置当以消极性条款为主，即个人在决策过程只受正当行为规则的指导，而不受具体命令的支配。① 而"非经登记物权不生效力"原则无视物权流通秩序的多样性和复杂性，执意以一刀切的模式将分散的个人交易偏好整合为一个超越私法的目的并强求社会成员加以执行，显然，形式主义模式所塑造的不是市场经济秩序中的自由行为，而是"规范化"（normalization）的对象和工具。这种国家主义语境下以"政治中心化"为基础的自上而下的强加式规则系统对现实生活世界的导控和宰制，使得物权变动秩序变得自动化、非人格化和非个体化了，从而在实现其"理想化社会秩序"构建的同时，也不免使个体陷入了"从按自己的决定和计划行事的自由主体沦为了实现政治目标的工具"② 的风险中。显然，形式主义模式对政治所惯常诉诸的"强制性工具"的沉迷，不能不让我们产生警惕，任何权力关系的维系都必然意味着个体自由的损耗③和高额的资源维持成本。为求保障私人自治，"法律和政治必须分开"④，只有放逐了政治力量对私法的影响与渗透，让"政治的归政治、私法的归私法"，才能

---

① Ulen, T., Direktiven und Standards, a. a. O., S. 360, mit weiterführenden Literaturangaben.

② 〔英〕甘布尔. 自由的铁笼——哈耶克传 [M]. 王晓冬，等译. 南京：江苏人民出版社，2002：4.

③ Kate Green, Joe Cursley. Land Law, fourth edition [M]. Palgrave Publishers Ltd., 2001：141 – 142.

④ Andrew Altman. Critical Legal Studies：A Liberal Critique [M]. Princeton University Press，1990：27.

达致私人自治这一私法最为崇高的价值目标。① 应该看到的是，在当代社会改革与转型的总体背景下，中国民法理念正在经历一场从国家本位到个人本位，从计划强制安排到个人意思自治的深刻变革，在这一过程中，物权变动模式从形式主义向对抗主义的过渡和转型，恰是民法制度从管制走向自治，从依附走向独立的一个时代缩影。

---

① 易军．"私人自治与私法品性"［J］．法学研究，2012（3）．

参考文献

一、国内专著

［1］周枏. 罗马法原论［M］. 北京：商务印书馆，2001.

［2］王利明. 中国物权法草案建议稿及说明［M］. 北京：中国法制出版社，2001.

［3］江平. 中美物权法的现状与发展［M］. 北京：清华大学出版社，2003.

［4］孙宪忠. 德国当代物权法［M］. 北京：法律出版社，1997.

［5］尹田. 法国物权法［M］. 北京：法律出版社，1998.

［6］陈华彬. 物权法研究［M］. 香港：金桥文化出版（香港）有限公司，2001.

［7］王轶. 物权变动论［M］. 北京：中国人民大学出版社，2001.

［8］王茵. 不动产物权变动和交易安全［M］. 北京：商务印书馆，2004.

［9］关涛. 我国不动产法律问题专论［M］. 北京：人民法院出版社，2004.

［10］李秀清. 日耳曼法研究［M］. 北京：商务印书馆，2005.

[11] 李红海. 普通法的历史解读 [M]. 北京：清华大学出版社，2003.

[12] 陈若鸿. 英国货物买卖法：判例与评论 [M]. 北京：法律出版社，2003.

[13] 渠涛. 中日民商法研究：第一卷 [M]. 北京：法律出版社，2003.

[14] 黄立. 民法债编总论 [M]. 北京：中国政法大学出版社，2002.

[15] 苏永钦. 物权行为的独立性与无因性 [M]. 台北：三民书局股份有限公司，1997.

[16] 梁治平. 国家、市场、社会：当代中国的法律与发展 [M]. 北京：中国政法大学出版社，2006.

[17] 郭成伟. 外国法系精神 [M]. 北京：中国政法大学出版社，2001.

[18] 范忠信. 中西法文化的暗合与差异 [M]. 北京：中国政法大学出版社，2001.

[19] 张晋藩. 中国民法通史 [M]. 福州：福建人民出版社，2003.

[20] 胡家勇. 转型、发展与政府 [M]. 北京：社会科学文献出版社，2003.

[21] 汪丁丁. 自由与秩序：中国学者的观点 [M]. 北京：中国社会科学出版社，2002.

[22] 孙宪忠. 德国当代物权法 [M]. 北京：法律出版社，1997.

[23] 黄宗智. 法典、习俗与司法实践 [M]. 上海：上海书店出版社，2007.

[24] 张传玺. 中国历代契约会编考释：下册 [M]. 北京：北京

大学出版社，1995.

［25］李猛. 除魔的世界与禁欲者的守护神［M］. 上海：上海人民出版社，2001.

二、中文译著

［1］〔美〕黄宗智. 清代的法律、社会与文化：民法的表达与实践［M］. 上海：上海书店出版社，2007.

［2］〔美〕约翰 E·克里贝特. 财产法：案例与材料［M］. 齐东祥，译. 北京：中国政法大学出版社，2003.

［3］〔美〕贝哈安特（Roger Bernhardt）. 不动产法［M］. 董安生，查松，注. 北京：中国人民大学出版社，2002.

［4］〔美〕罗杰·H. 伯恩哈特，安·M. 伯克哈特. 不动产［M］. 钟书峰，译. 北京：法律出版社，2005.

［5］F·H. 劳森，B. 拉登. 财产法［M］. 北京：法律出版社，1998.

［6］〔法〕勒内·达维. 英国法与法国法：一种实质性比较［M］. 潘华仿，等，译. 北京：清华大学出版社，2002.

［7］〔美〕罗斯科·庞德（Roscoe Pound）. 普通法的精神［M］. 唐前宏，等，译. 北京：法律出版社，2001.

［8］〔英〕S.F.C. 密尔松. 普通法的历史基础［M］. 北京：中国大百科全书出版社，1999.

［9］〔美〕罗伯特·考特，托马斯·尤伦. 法和经济学［M］. 上海：上海三联书店，上海人民出版社，1994.

［10］〔美〕道格拉斯·诺思. 制度、制度变迁与经济绩效［M］. 上海：上海三联书店，1994.

［11］〔德〕艾米尔·路德维希. 德国人：一个具有双重历史的国

家［M］．杨成洁，潘琪，译．北京：生活・读书・新知三联书店，1991.

　　［12］〔英〕梅因．古代法［M］．沈景一，译．北京：商务印书馆，1959 版。

　　［13］〔英〕巴里・尼古拉斯．罗马法概论［M］．黄风，译．北京：法律出版社，2000.

　　［14］〔意〕圭多・德・拉吉罗（Guido de Ruggiero）．欧洲自由主义史，（英）R. G. 科林伍德（R. G. Colling Wood）［M］．杨军，译．吉林人民出版社，2001.

　　［15］〔法〕爱弥尔・涂尔干．宗教生活的基本形式［M］．渠东，等，译．上海：上海人民出版社，1999.

　　［16］〔日〕铃木禄弥．物权的变动与对抗［M］．渠涛，译．北京：社会科学文献出版社，1999.

　　［17］〔英〕哈耶克．哈耶克论文集［M］．北京：首都经济贸易大学出版社，2001.

　　［18］〔英〕甘布尔．自由的铁笼——哈耶克传［M］．王晓冬，等，译．南京：江苏人民出版社，2002.

　　［19］〔德〕汉斯．贝恩德・舍费尔，克劳斯・奥特．民法的经济分析［M］．江清云，等，译．北京：法律出版社，2009.

　　［20］P. S. 阿蒂亚，R. S. 萨默斯．英美法中的形式与实质［M］．金敏，等，译．北京：中国政法大学出版社，2005.

三、学术论文

　　［1］梁慧星．我国民法是否承认物权行为［J］．法学研究，1989（6）.

　　［2］牛振亚．论物权行为和债权行为［J］．南都学坛，1990

（1）.

［3］孙宪忠．物权行为探源及其意义［J］．法学研究，1996（3）.

［4］孙宪忠．物权行为理论探源及其意义［J］．法学研究，1996（3）.

［5］陈华彬．论基于法律行为的物权变动［J］．民商法论丛：第6卷．北京：法律出版社，1997.

［6］苏永钦．物权行为的独立性与无因性［A］//戴董雄教授六轶华诞祝寿论文集［C］．台北：三民书局股份有限公司，1997.

［7］王泽鉴．物权行为无因性理论之检讨［M］//民法学说与判例研究：第1册．北京：中国政法大学出版社，1998.

［8］关涛．物权行为再议［J］．法制与社会发展，1998（4）.

［9］李永军．我国民法上真的不存在物权行为吗？［J］．法律科学，1998（4）.

［10］孙宪忠．物权法基本范畴及主要制度反思［J］．中国法学，1999（6）.

［11］李庆海．论物权行为的"二象性"［J］．法律科学，1999（1）.

［12］孙宪忠．物权变动的原因与结果的区分原则［J］．法学研究，1999（5）.

［13］渠涛．不动产物权变支制度研究与中国的选择［J］．法学研究，1999（5）.

［14］彭诚信．我国物权变动理论的立法选择［J］．法律科学，2000（2）.

［15］米健．物权抽象原则的法理探源与现实斟酌［J］．比较法研究，2001（2）.

[16] 王轶. 论无权处分行为的效力 [J]. 中外法学, 2001 (3).

[17] 于海涌. 物权变动中第三人保护的基本规则 [J]. 法律科学, 2001 (4).

[18] 金勇军. 一分为二, 还是合二为一? ——不动产物权行为的无因性 [J]. 中外法学, 2001 (4).

[19] 黄辉. 中国不动产登记制度的立法思考 [J]. 北京科技大学学报, 2001 (5).

[20] 尹田. 法国不动产公示制度概述 [M] //北大法学文存第四卷: 民事责任与民法典体系. 北京: 法律出版社, 2002.

[21] 谢怀栻, 程啸. 物权行为理论辨析 [J]. 法学研究, 2002 (4).

[22] 尹田. 物权行为理论评析 [M] //民商法论丛: 第24卷. 香港: 金桥文化出版总公司, 2002.

[23] 张翔. 论物权变动的理论基础及其实现 [J]. 法律科学, 2002 (2).

[24] 李富成. 无因性法理及其体系 [A] //孙宪忠. 制定科学的民法典——中德民法典立法研讨会文集 [C]. 北京: 法律出版社, 2003.

[25] 崔建远. 无权处分辨 [J]. 法学研究, 2003 (1).

[26] 董学立. 论物权变动中的善意恶意 [J]. 中国法学, 2004 (2).

[27] 屈茂辉. 物权公示方式研究 [J]. 中国法学, 2004 (5).

[28] 葛云松. 物权行为理论研究 [J]. 中外法学, 2004 (6).

[29] 常鹏翱. 物权法之形式主义传统的历史解读 [J]. 中外法学, 2004 (1).

[30] 王利明. 关于物权法草案中确立的不动产物权变动模式

［J］. 法学，2005（8）.

［31］许中缘. 物权变动中未经登记的受让人利益的保护［J］. 法学杂志，2005（6）.

［32］王成. 论不动产物权变动的交付［J］. 政治与法律，2005（6）.

［33］金可可. 物权债权区分说的构成要素［J］. 法学研究，2005（1）.

［34］郭明瑞. 物权登记应采对抗主义的几点理由［J］. 法学杂志，2005（4）.

［35］徐涤宇. 无因性原则之考古［J］. 法律科学，2005（3）.

［36］孙宪忠. 交易中的物权确定［J］. 法学研究，2005（2）.

［37］冉昊. 对物权与对人权的区分及其实质［J］. 法学研究，2005（3）.

［38］常鹏翱，李富成. 异域之花：物权行为理论概略. 人民法院报，2005-08-08.

［39］〔德〕霍·海·雅科布斯. 物权合同存在吗［J］. 萨维尼基金会法律史杂志：罗马法部，第119卷，2002.

［40］乌尔里希·施伯伦贝克. 土地交易中安全性的比较法考察［J］. 华中科技大学学报，2005（3）.

［41］霍布豪斯. 财产权的历史演化：观念的和事实的［M］. 瞿小波，译. 财产的义务与权利，麦克米兰出版公司，1922.

［42］莫伟民. 管治：从身体到人口——福柯管治思想探究［J］. 学术月刊，2011（7）.

［43］易军. 私人自治与私法品性［J］. 法学研究，2012（3）.

［44］郝宇青. 论发展中国家的形式主义［J］. 探索，2002（2）.

［45］孙宪忠. 中国民法继受潘德克顿法学：引进、衰落和复兴

[J].中国社会科学，2008（2）.

[46] 姜茂坤.论民国初期"物权契约理论"的发展 [J].北方法学，2008（6）.

[47] 张晋藩.从晚清修律官"固有民法论"所想到的 [J].当代法学，2011（4）.

[48] 王轶.论物权法的规范配置 [J].中国法学，2007（6）.

[49] 程啸.因法律文书导致的物权变动 [J].法学，2013（1）.

[50] 汪志刚.准不动产物权变动与对抗 [J].中外法学，2011（5）.

[51] 杨代雄.准不动产的物权变动要件——《物权法》第24条及相关条款的解释与完善 [J].法律科学（西北政法大学学报），2010（1）.

[52] 常鹏翱.论现实存在与物权行为的无关联性——对相关学理争辩的再辨析 [J].法学，2015（1）.

[53] 朱庆育.物权行为的规范结构与我国之所有权变动 [J].法学家，2013（6）.

[54] 常鹏翱.另一种物权行为理论——以瑞士法为考察对象 [J].环球法律评论，2010（3）.

[55] 田士永.《物权法》中物权行为理论之辨析 [J].法学，2008（6）.

[56] 董学立.物权行为无因性相对化理论之否定 [J].法学，2007（1）.

[57] 于海涌.论绝对物权行为理论之建构——对萨维尼物权行为理论的矫正 [J].法商研究，2006（4）.

[58] 高圣平.政府信息公开视角下的不动产登记查询规则 [J].法学，2015（1）.

[59] 孙宪忠. 不动产登记基本范畴解析 [J]. 法学家, 2014 (6).

[60] 张双根. 论房地关系与统一不动产登记簿册兼及不动产物权实体法与程序法间的交织关系 [J]. 中外法学, 2014 (4).

[61] 程啸. 不动产登记簿错误之类型与更正登记 [J]. 法律科学, 2011 (4).

[62] 鲁春雅. 论不动产登记簿公信力制度构成中的善意要件 [J]. 中外法学, 2011 (3).

[63] 陈永强. 美国不动产登记法上的善意购买人与优先权规则 [J]. 环球法律评论, 2008 (5).

[64] 周喜梅. 我国"新债权形式主义"一元物权变动模式之构建 [J]. 社会科学家, 2015 (3).

[65] 王利明. 特殊动产一物数卖的物权变动规则——兼评《买卖合同司法解释》第 10 条. 法学论坛, 2013 (6).

[66] 戴永盛. 论特殊动产的物权变动与对抗(上)——兼析《最高人民法院关于审理买卖合同纠纷案件适用法律问题的解释》第十条. 东方法学, 2014 (5).

[67] 约勒·法略莉; 赵毅. 物权变动之有因性、无因性及其罗马法渊 [J]. 求是学刊, 2014 (3).

四、英文著作与论文

[1] John L. Mc Cormack, Torrens and Recording: Land Title Assurance in the Computer age [J]. William Mitchell Law Review, 1992 (18): 61 – 131.

[2] Tang Hang Wu. Beyond the Torrens Mirror: A Framework of the in Personam Exception to Indefeasibility [J]. Melbourne University Law Re-

view, 2008 (32): 672.

[3] Kelvin F. k. Low, The Story of "Personal Equities" in Singapore: Thus Far and Beyond, Singapore Journal of Legal Studies [J], 2009: 161 – 181.

[4] Katy Barnett. The mirror of title crack' d from side to side? The amazing half – life of the equitable mortgage [J] . Legal Studies Research Paper, 2011 (2): 330.

[5] Barry Goldener, The Torrens System of Title Registration: A New Proposal For Effective Implementation, UCLA L. Rev [J] .1982 (29): 661 – 692.

[6] Barry C Crown, Whither Torrens Title in Singapore? [J]. Singapore Academy of Law Journal, SAcLJ, 2010 (22) .

[7] Marcia Neave. Indefeasibility of Title in the Canadian Context [J]. The University of Toronto Law Journal, 1976, 26 (2): 173 – 192.

[8] Seow Zhixiang. Rationalising the Singapore Torrens System [J] . Singapore Journal of Legal Studies, 2008: 165 – 192.

[9] Teo Keang Sood, Demise of Deferred Indefeasibility Under the Malaysian Torrens System? [J] . Singapore Journal of Legal Studies, 2002: 403 – 408.

[10] Barry C Crown , Equity Trumps the Torrens System [J] . Singapore Journal of Legal Studies, 2002: 409 – 415.

[11] Barry C. Crown, Back to Basics: Indefeasibility of Title Under the Torrens System, Singapore Journal of Legal Studies [J], 2007 (4): 117.

[12] Staples, The Conclusiveness of a Torrens Certificate of Title [J]. MINN. L. REV. , 1924 (8): 200.

[13] Pamela O' Connor, 'Deferred and Immediate Indefeasibility:

Bijuralism in Registered Land Title Systems [J]. Edin LR, 2009 (13): 194.

[14] Mary – Anne Hughson, Marcia Neave, Pamela O'Connor, Reflections on the Mirror of Title: Resolving the Conflict between Purchasers and Prior Interest Holders [J]. Melbourne University Law Review, 1997 (21): 460, 490.

[15] Kelvin F K Low, " The Nature of Torrens Indefeasibility: Understanding the Limits of Personal Equities, Melb U L Rev [J], 2009 (33): 205.

[16] Patricia Lane, Indefeasibility for What? Interpretive Choices in the Torrens Systen [J]. Sydney Law School, Legal Studies Research Paper, 2010 (10).

[17] Recording and Registry Laws. Torrens' Land Registration System. Rights of Purchaser of an Overlapping Certificate [J]. Harvard Law Review, 1916, 29 (7): 790.

[18] Lynden Griggs, In Personam, Garcia v NAB and the Torrens System—Are They Reconcilable? [J]. Queensland University of Technology Law and Justice Journal, 2001 (1): 76.

[19] Lynden Griggs, Indefeasibility and Mistake – – The Utilitarianism of Torrens [J]. Australian Property Law Journal, 2003 (10): 108.

[20] Pamela O'Connor, Registered Land Title, Indefeasibility and the Problem of Bijural Inaccuracy, 8th Real Property Teachers' Conference, University of Tasmania [J], 2007, 13 (8): 2 – 3.

[21] Joseph T. Janczyk, An Economic Analysis of the Land Title Systems for Transferring Real Property [J]. The Journal of Legal Studies, 1977, 6 (1): 213 – 233.

［22］ Pamela O´Connor: Immediate Indefeasibility for Mortgagees: a Moral Hazard? ［J］. Bond Law Review, 2009, 21 (2): 133 – 159.

［23］ Richard H. Howlett, Report of Title Insurance Standard Forms Committee ［J］. TITLE NEWS, 1962 (1): 63 – 65.

［24］ Peter Butt, ' Rights in Personam and the Knowing Receipt of Trust Property ［J］. Australian Law Journal, 2003 (77): 280.

［25］ Marcia Neave, Indefeasibility of Title in the Canadian Context ［J］. U. ToRoffo L. J. 1976 (26): 173.

［26］ Thomas H. Clarke, Mortgage and Title Assurance in Asia ［J］. INT'L Bus. LAW, 1983 (11): 127.

［27］ B McEniery. A dedicated means of giving notice of the existence of unregistered interests under Torrens ［J］. APLJ, 2006 (12): 244.

［28］ B. C. Crown, Equity Trumps the Torrens System ［J］. Sing. J. L. S. , 2002: 409.

［29］ Charles C. Smith, Title Insurance and Zoning Coverage ［J］. THE GUARANTOR, 1976 (1): 3.

［30］ Robert Chambers, " Indefeasible Title as a Bar to a Claim for Restitution" ［1998］ R. L. R. 126 pp. 134.

［31］ Gerald W. Ghikas, The Effect of Actual Notice Under The British Columbia Torrens System, 1980: 38.

［32］ L McCrimmon, Protection of Equitable Interests Under the Torrens System: Polishing the Mirror of Title ［J］. MonLR 300 Monash University Law Review, 1994, 20 (2).

［33］ Edward H. Cushman, Torrens Titles and Title Insurance ［J］. University of Pennsylvania Law Review and American Law Register, 1937, 85 (6): 589 – 612.

［34］Pamela O'Connor, Double Indemnity - Title Insurance and the Torrens System ［J］. 3 Queensland Univ. of Law and Tech. Law and Justice, 2003: 142.

［35］Davies, Equity, Notice and Fraud in the Torrens System ［J］. Alberta L. Rev. 1972, （10）: 106.

［36］S Robinson, Claims in Personam in the Torrens System: Some General Principles ［D］. AU, 1993: 355.

［37］Trevor Mills, A Case for Torrens's System of Title Registration ［C］. International Real Estate Society Conference, 1999 （1）: 26.

［38］Ted J. Fiflis, Land Transfer Improvement: The Basic Facts and Two Hypotheses for Reform ［J］. U. COLO. L. REV. , 1966 （38）: 431 - 444 - 450.

［39］M Raft, German Real Property Law and the Conclusive Land Title Register , PhD Thesis, University of Melbourne ［D］, 1999.

［40］M. Harding, Barnes v. Addy Claims and the Indefeasibility of Torrens Title Melbourne U. L. Rev ［J］. 2007 （31）: 343.

［41］Charles Szypszak, Public Registries and Private Solutions: An Evolving American Real Estate Conveyance Regime ［J］. WHITTIER L. REV. , 2003 （24）: 663.

［42］Ivan L. Head, Real Property - Torrens System of Land Registration in Saskatchewan - Exception to Indefeasibility - Error in Not Reserving Minerals to Crown Pursuant to Original Grant, 34 Candaianb. Rev ［J］. 1956: 736.

［43］Todd Barnet, LOBATO V. TAYLOR: Torrens Title Lost to Legal Fictions, Missouri Bar Association ［J］. Missouri Environmental Law and Policy Review, 2008: 309.

［44］ L. F. M. , Constitutionality of the Torrens Systen of Land Title Registration ［J］. Michigan Law Review, 1911, 9 (6): 512 –514.

［45］ Elizabeth Cooke, Land registration: void and voidable title – a discussion of the Scottish Law Commission' s paper ［J］. Conveyancer and Property Lawyer, 2004: 482.

［46］ Martin Dixon, The Reform of Property Law and the Land Registration Act 2002: A Risk Assessment, WG Hart Symposiun ［D］. University of London, 2002.

［47］ Ben McFarlane, Identifying Property Rights: A Reply to Mr Watt, Conveyancer and Property Lawyer ［J］, 2003: 473 –474, 476.

［48］ Joseph T. Janczyk, An Economic Analysis of the Land Title Systems for Transferring Real Property ［J］. The Journal of Legal Studies, 1977, 6 (1): 213 –233.

［49］ Thomas J. Miceli, Henry J. Munneke, C. F. Sirmans, Geoffrey K. Turnbull, Title Systems and Land Values ［J］. The Journal of Law and Economics, 2002, 10 (1): 565.

［50］ Harry M. Cross, Weaknesses of the Present Recording System ［J］ IOWA L. REV. , 1962 (47): 245.

后记　《民法典》如何面对过去与未来？

物权变动制度作为产权交易的"总控性"制度设计，对于产权交易效率具有重要意义，但其既抽象又宽泛，涉及到物权债权关系、物权行为、无权处分、善意取得、不动产登记以及物权法定原则等一系列重大理论的认识。

2002 年我跟随恩师郭明瑞教授攻读硕士研究生期间，从物权行为无因性理论入手切入该题，通过构建货币交易的无因性模型为参照系，对形式主义理论体系进行了系统性反思，并初步论证了我国物权变动制度走向全面对抗主义的可行性和路径。

2003 年至 2006 年在中国人民大学法学院攻读博士期间，继续致力于该问题的系统化研究，初步提出物权变动制度中的"国家干预"理论。博士毕业后在烟台大学法学院工作期间，陆续提出了"交易频率理论"、物权行为的"古典与现代"理论，并对普通法物权变动制度进行了全面考证。2010 年有幸承担国家社科基金项目，从政策性维度对物权变动制度进行了深化解读，并依托该课题对托伦斯登记制度进行了系统考证，至此基本完成了物权变动制度的整体性研究。

本研究成果通过对世界各国代表性法系物权变动制度的理性比较，系统透视了不同物权变动模式的制度优劣，超越传统物权变动理论的技术性研究路线，在制度生态学层面揭示了物权变动制度与政治体制之间的哲学关联，在客观中立的模型下透视了"管制型"物权变动制度绩